Komedije II

Komedije II

Gospođa ministarka
Ožalošćena porodica

Branislav Nušić

Globland Books

Gospođa ministarka

— *šala u četiri čina* —

Predgovor autora

Ako ste kadgod pažljivije posmatrali sve što biva oko vas, ako ste se pogdekad upustili i udubili u odnose koji regulišu život jednoga društva i pokrete koje izaziva taj regulator — vi ste morali zapaziti da se, kroz život svakoga društva, jasno beleži jedna jaka i ravna linija. Tu liniju ispisali su obziri, tradicije, malodušnost, duhovna nemoć i sve one druge negativne osobine čovekove pod kojima se pojedinci guše, a društvo nemoćno predaje učmalosti.

Tu liniju socijalni matematičari nazivali bi možda normalom, a socijalni fizičari početnim gradom toplote ili hladnoće, jer ona odista liči onome stepenu na termometru iznad kojega se živa, pri zagrevanju, penje, a ispod kojega, pri hlađenju, slazi.

Tom ravnom linijom kreće se život skoro celokupnoga našega društva. Iznad te linije penju se samo pojedinci koji imaju duševne snage i hrabrosti da se uznesu iznad obzira, iznad tradicija i iznad malodušnosti. Iznad te linije penju se samo pojedinci koji ne čekaju da živu u društvenome termometru zagreje spoljna temperatura, već to zagrevanje nalaze sami u sebi, u svojim duševnim moćima. I ispod te linije slaze samo oni pojedinci koji takođe imaju duševne snage da pregaze obzire i tradicije i otresu se malodušnosti. I ovi koji u društvu slaze ispod linije normale, sve do dna društvenog, nose sami u sebi dispozicije hlađenja duše i hlađenja osećaja sve do tačke smrzavanja.

Da se neko digne ili spusti iznad ili ispod linije normale u životu, da se neko uzvisi iznad gomile ili spusti ispod gomile, treba da je podjednako hrabar. Hrabrost je biti čestiti, plemenit, uzvišen, isto tako kao što je hrabrost biti podao i nevaljao. Treba imati mnogo moralne snage u sebi pa se uzneti iznad moralne linije, biti iznad ostalih, iznad gomile; kao što treba vrlo mnogo duševne snage pa sići ispod linije, biti ispod ostalih, ispod gomile: biti hulja, provalnik, klevetnik, razbojnik i ubica. Podjednaka je hrabrost uzneti se u zrak na nepouzdanoj Ikarovoj spravi koju je naš vek usavršio, kao i spustiti se, u gnjuračkome oklopu, u mulj morskoga dna.

Ti ljudi koji se uznose iznad ili se spuštaju ispod ravne linije života imaju i velikih zamaha, velikih pokreta duše, velikih uzbuđenja i velikih emocija. Državnik sa strepnjom stoji pred sudom istorije, jer je poveo državu i narod sudbonosnim putem; veliki finansijer sa grozničavim uzbuđenjem stoji pred berzom na kojoj će se toga časa triplirati ili propasti njegova milionita imovina; vojskovođi igra svaki damar od uzbuđenja kad povede armije u sudbonosnu borbu; pesnika uzbuđuje inspiracija, umetnika čas stvaranja, naučnika ono nepoznato do čega otkrićem treba doći. Sve su to velika uzbuđenja, velike emocije, veliki pokreti duše.

A tih i takvih velikih uzbuđenja, velikih emocija, velikih pokreta duše ima i kod onih koji slaze ispod normalne linije. Razbojnik preživljuje najveću meru uzbuđenja kad zariva krvav nož u grudi svoje žrtve; provalnik dršće i strepi pred sudijom; bludnica pati pod žigom prezrenja, a odmetnik pod vešalima preživljuje celu gradaciju od bola i griže pa do samoodricanja i apatije.

U te oblasti, u oblasti velikih uzbuđenja, velikih emocija, velikih pokreta duše — pa bilo iznad ili ispod linije — dramatičar rado zalazi, jer će tu uvek naći duboke izvore iz kojih može zahvatiti bogat i obilan materijal. Otuda se najveći broj drama i kreće u toj oblasti.

Mnogo je teže, međutim, tražiti i naći materijal u maloj sredini, u onome društvu, među onim ljudima, koji nemaju ni snage ni hrabrosti da se odvoje od ravne linije životne, pa bilo naviše ili naniže; među onim ljudima koji nemaju snage da budu dobri, ali tako isto nemaju ni hrabrosti da budu zli; među onim ljudima koji su vezani i sputani sitnim obzirima, koji robuju zastarelim tradicijama i čije je sve biće sazdano iz malodušnosti.

Život te sredine teče jednolično i odmereno, kao šetalica na zidnome satu; pokreti te sredine su mali, tihi, bez uzbuđenja, bez velikih brazda, bez jačih tragova, kao oni blagi talasići koji kruže po ustajaloj vodi kad na površinu njenu padne tičje perce.

U toj maloj sredini nema bura, nema nepogoda, nema zemljotresa, ni požara; ta sredina je ograđena debelim zidom od oluja i vihora koji vitlaju kroz društvo. Ona živi u svojim sobama; ulica je za nju strani svet, inostranstvo; za nju su događaji koji uzbuđuju kontinente samo novinarska lektira.

U tim malim sredinama, koje se ne odvajaju od one ravne linije života, nema događaja, nema emocija, nema senzacija. „Danas je tetka-Savkin dan!" — eto, to je za tu sredinu događaj i svi se užurbaju, svi se kreću, svi oblače, nabavljaju bukete, pišu čestitke, prave posete... događaj, čitav događaj! „Mila čika-Stevina napustila muža!" — „Ju, ju, ju" — gruva se cela familija u grudi — „šta će svet kazati!" I eto, to je emocija koja uzbuđuje celu jednu porodicu, no toj uzbuđenosti ne leži toliko razlog u tome što je Mila napustila muža, koliko u onome „šta će svet kazati". A znate li šta je senzacija u takvim malim sredinama? „Snaja Zorka rodila blizance!" I ta senzacija ide iz kuće u kuću, samo se o njoj govori, raspravlja se, tumači, i ta tema ispunjava interes čitave jedne porodice i čitave jedne sredine.

Pera dobio klasu, Đoka se razboleo, Steva položio ispite, Jova premešten, gospa Mica kupila novu spavaću sobu, gospa Savka ošišala kosu, gospa Julka pravi novu haljinu od krep-de-šina, prija-Maci izgoreo kuglov, a prija Anka izgubila na friše-fire sto sedamdeset dinara. Eto, to su senzacije, to emocije, to događaji male sredine.

I, eto, iz te i takve sredine ja sam uzeo za ruku jednu dobru ženu i dobru domaćicu — gospođu Živku Popović — i izneo je naglo, neočekivano i iznenadno, iznad njene normalne linije života. Takav jedan poremećaj na terazijama života kadar je učiniti, kod ljudi iz male sredine, da izgube ravnotežu te da ne umeju da se drže na nogama. I eto, u tome je sadržina *Gospođe ministarke*, u tome sva jednostavnost problema koji taj komad sadrži.

LICA:

SIMA POPOVIĆ
ŽIVKA, njegova žena
DARA, kći
RAKA, sinčić
ČEDA UROŠEVIĆ, zet
DR NINKOVIĆ, sekretar Min. spoljnih poslova
rodbina GOSPA-ŽIVKINA: ujka VASA; tetka SAVKA; tetka DACA; JOVA POP-ARSIN; teča PANTA; MILE, njegov sin; SOJA, raspuštenica; teča JAKOV; SAVA MIŠIĆ; PERA KALENIĆ
GĐA NADA STEFANOVIĆ, učiteljica engleskog jezika
POLICIJSKI PISAR
ANKA, služavka
ŠTAMPARSKI ŠEGRT
RISTA TODOROVIĆ, kožarski trgovac
PERA, pisar iz administrativnog odeljenja
PRVI ŽANDAR, DRUGI ŽANDAR
PRVI POSLUŽITELJ IZ MINISTARSTVA, DRUGI POSLUŽITELJ IZ MINISTARSTVA
DEVOJČICA KROJAČICA
PRVI GRAĐANIN, DRUGI GRAĐANIN

Događa se u doba susreta prošloga i sadašnjeg veka.

PRVI ČIN

Obična građanska soba.
Staro kanape, dve fotelje i nekoliko prostih, trpezarijskih stolica.
Troja vrata: u dnu, desno i levo, i jedan prozor desno. U sredini sobe veliki, zastrt sto, po njemu prostrte jedne stare očeve pantalone, koje će gospa Živka prekrojiti za sina.

I
ŽIVKA, SAVKA

SAVKA *(sedi kraj stola)*: Šta si se zamislila?

ŽIVKA *(stoji iza stola, o vratu joj visi santimetar, a u ruci velike makaze; naslonila makaze na usne i zamislila se gledajući u pantalone)*: Gledam, znaš, kako da izbegnem ovo mesto što se izlizalo.

SAVKA: Ne možeš ga izbeći, nego podmetni parče.

ŽIVKA: Gotovo, a i onako će mu trajati od petka do subote.

SAVKA: A cepa, a? Pa, znaš kako je, neka je samo živ i zdrav, pa neka cepa.

ŽIVKA: Ju, nije da cepa, tetka, nego dere kao vuk jagnjeću kožu. I kupuj mu, i prekrajaj mu, i nikad ništa na njemu celo ni dvadeset i četiri sata.

SAVKA: Nestašan, mnogo nestašan!

ŽIVKA *(za vreme ove scene ona meri i kroji)*: Ne može da se stigne, bogami! Ne preliva nam se, zaboga, već jedva vezujemo kraj s krajem.

SAVKA: A lepa plata.

ŽIVKA: Pa i nije. Dok odbiješ porezu, platiš kiriju, kupiš drva, tek vidiš, ostanu ti čiste šake. Teško je danas o plati živeti, ali ovaj moj ne ume. Ne gleda svoja posla i svoju kuću, nego se zaneo za politiku.

SAVKA: Pa jest!

ŽIVKA: Ono i drugi se bakću i, što kažu, lome sa politikom, ali opet, nekako, gledaju i sebe. Te komisije, te procene, te sednice, pa se spomognu nekako. Ali ovaj moj ne ume. Sve: ovo ne ide, naškodiće ugledu partije; ono ne ide, povikaće opozicija. I sve tako. A devojku, eto, nismo platili već tri meseca, pa kiriju nismo platili za prošli mesec, a gde su još one sitne podužice: te mleko, te bakalin i... već znaš!...

SAVKA: Teško je bome danas.

ŽIVKA: Ti još ne dobi kafu? E što je bezobrazna, po tri puta čovek da joj kaže. *(Odlazi zadnjim vratima)*: Anka, šta je s kafom?

ANKIN GLAS *(spolja)*: Evo!

ŽIVKA: Eto, i to se zove mlađe. Bar da je kao što treba kad ga čovek plaća.

II

PREĐAŠNJI, ANKA

ANKA *(unosi kafu i služi)*: Izvol'te!

ŽIVKA: Moram triput da molim za jednu kafu.

ANKA *(bezobrazno)*: Pa nisam sedela na kanabetu, imala sam posla. *(Odlazi.)*

III

ŽIVKA, SAVKA

ŽIVKA *(pošto je Anka otišla)*: Eto, vidiš li je! Dođe mi, bogami, da potegnem ovim makazama pa da joj razbijem glavu. Ali šta ću, moram da trpim. Dužna sam joj tri meseca, pa moram da trpim.

SAVKA *(srčući kafu)*: Eh, takvo ti je danas mlađe.

ŽIVKA: Pa to sam te baš zvala, tetka Savka, da te umolim da nam daš jedno dvesta dinara na zajam.

SAVKA *(trgne se)*: Ju, sinko, otkud meni?

ŽIVKA: Pa ono što imaš na knjižicu.

SAVKA: Eh, to... na to nemoj ni da računaš, gde bih ja to dirala! Jedva sam skupila da mi se nađe, ne daj bože!...

ŽIVKA: Bože, tetka Savka, ti pa kao da ti mi to nećemo vratiti. Platićemo ti pošteno i interes, a za tri meseca imaš svoje pare. Slušaj, ne bila ja Živka ako ga ne nateram da se uvuče u kakvu komisiju. Šta tu partija! Đoka kuma-Dragin nazida kuću sa partijom, a ovaj moj rasturi kuću.

SAVKA: Da l' si baš sigurna?

ŽIVKA: Šta?

SAVKA: Pa to, da će ući u komisiju?

ŽIVKA: Ti sumnjaš da ćemo ti vratiti?

SAVKA: Nije to, nego znaš, ne volim u taj novac da diram, pa, velim, ako ne uđe u komisiju...

ŽIVKA: Pa ne mora da bude baš komisija, može on i drukče. Ako ne može nikako drukče, a ti da znaš, uzajmićemo makar na drugo mesto, pa tebi vratiti. Tebi tvoje ne gine.

SAVKA: Ako je samo za tri meseca...

ŽIVKA: Ni jedan dan više!...

IV

PREĐAŠNJI, RAKA, ANKA

RAKA *(gimnazista, ulazi bez knjiga i bez kape, sav podrpan).*
ANKA *(ulazi za njim i nosi knjige i kapu).*
ŽIVKA: Iju, crni sinko, ti si se opet tukao?
RAKA: Nisam!
ANKA: Jeste, jeste, tukao se!
ŽIVKA *(tetki)*: Pogledaj ga, tako ti boga, kakav je, kao da je s vešala pao.
ANKA *(postavi knjige na sto)*: Eto je i ruku raskrvavio.
ŽIVKA: Iju!... *(Ščepa mu ruku koju je vezao maramom)*: Nesrečniće jedan, bitango! *(Anki):* Donesi vodu da se ispere. *(Anka odlazi):* Još kaže, nije se tukô!
RAKA *(uporno)*: Nisam!
ŽIVKA: Nego šta si?
RAKA: Pravili smo demonstracije.
ŽIVKA: Kakve demonstracije, bog s tobom?
RAKA: Protiv vlade.
SAVKA: A šta ti imaš sa vladom, pobogu sinko?
RAKA: Nemam ništa, ali sam i ja vikô: dole vlada!
ŽIVKA: Eto ti, eto ti, pa ne crkni sad od muke! Ama šta si ti imao da se mešaš u demonstracije?...
RAKA: Pa nije samo ja, ceo svet. Eno, još se tuku na Terazijama, a vlada je morala da dâ ostavku, jer je ubijen i jedan radnik i trojica su ranjeni.
ŽIVKA: Ju, ju, ju! Eto kako će i glavu da izgubi jednoga dana!
ANKA *(dolazi s lavorom i bokalom)*: Ajde ovamo u kujnu da te umijem.
RAKA: Šta će mi da se umijem?

ŽIVKA: Vuci se tamo, operi tu ruku. Zar ne vidiš da izgledaš kao šinterski šegrt. *(Gurne Raku te ovaj ode s Ankom.)*

V

ŽIVKA, SAVKA

ŽIVKA *(tetki)*: Eto, pa sad iziđi ti tu na kraj kad ti svaki dan dođe ovako pocepan.
SAVKA: Ajde i ja da idem, za poslom sam. A vidim, i tebe ometam. *(Ustaje.)*
ŽIVKA: Pa kako si rešila za ono?
SAVKA: Koje ono?
ŽIVKA: Pa de, što se prisećaš, za zajam?
SAVKA: A, za to? Pa kako da ti kažem: volela bih da ne diram u te pare, ali ako je nužda...
ŽIVKA: Ju, baš ti hvala, slatka tetka, nikad ti to neću zaboraviti.
SAVKA: Je l' da donesem predveče?...
ŽIVKA: Jeste, molim te, još danas! Pa dođi, tetka Savka, nemoj da ne dođeš. Ja, bogami, ne mogu; da mogu, došla bih ti. Nemoj ti na to da gledaš, nego dođi kad god možeš. I onako si sama, pa svrati koji put i da ručamo; svrati kao kod svoje kuće.
SAVKA *(već na vratima)*: Ja ću ono predveče. Zbogom. *(Odlazi.)*
ŽIVKA *(ispraća je do vrata)*: Zbogom tetka! *(Vraća se i, pošto je završila krojenje, umotava pantalone.)*

VI

ŽIVKA, RAKA

RAKA *(izlazi iz sobe, umiven, i upućuje se spoljnim vratima)*.
ŽIVKA: Ehe, gde si nagao?

RAKA: Tamo!
ŽIVKA: Ama zar ti je malo bilo, okačenjače jedan. A latinski — dvojka, a nauka hrišćanska — dvojka, a matematika — dvojka! Ne gledaš to, nego demonstracije, a što ćeš da ponavljaš razred — to ništa.
RAKA: I otac je ponavljao četvrti razred, pa...
ŽIVKA: Ama, ne gledaj ti na oca!
RAKA: Nije nego ću valjda na tebe da gledam.
ŽIVKA: O, gospode bože, i kad ga rodih takog nesrećnika! Vuci mi se ispred očiju!
RAKA *(izleti na vrata, na koja nailaze Čeda i Dara).*

VII

ŽIVKA, ČEDA, DARA

ČEDA *(ulazi sa ženom; oni su obučeni za posete)*: Eto nas. Vratili smo se kao što smo i otišli.
DARA: Bambadava smo išli.
ŽIVKA: Što, niste nikog našli kod kuće?
ČEDA: Čujte, majka, ja više neću da slušam te vaše savete. Te idite kod ove ministarke, pravite vizitu, te idite kod one ministarke, pravite vizitu.
ŽIVKA: Pa, zete, meni ne treba klasa, tebi treba.
ČEDA: Znam ja to, ali kako možete da nas šaljete gospođi Petrovićki kad neće žena ni da nas primi?
DARA: Nije bila kod kuće.
ČEDA: Bila je, šta nije bila! Devojka se deset minuta unutra domunđavala, pa tek onda izlazi i kaže nam da gospođa nije kod kuće.

ŽIVKA: Pa zar sam ja tome kriva? Pitala sam je preko kuma-Drage i ona kaže: neka dođe, kako da mi ne dođe gospa-Živkina ćerka; nisam je videla otkako se udala.

ČEDA: Nisam je videla otkako se udala, a ovamo zatvara nam vrata ispred nosa. Pa onda... ona... juče... je l' i ona nije videla gospa-Živkinu ćerku otkako se udala?...

DARA: E, nemoj tako. Ona odista nije bila kod kuće, videli smo je posle na fijakeru.

ŽIVKA: Eto, vidiš! A ne ide to ni kao što ti misliš, zete. Treba i pet i šest puta ići na isti prag. Uostalom, vidiš da su napolju i neke demonstracije, pa ko zna da nisu ministri možda i zbog toga zbunjeni.

ČEDA: Pa ako su ministri zbunjeni, šta imaju tu ministarke da se zbunjuju.

ŽIVKA: E, nemoj tako da kažeš. Znam, pričala mi je gospa Nata, kaže: kriza, a moj muž ministar, pa ništa; miran, ubio ga bog, kao da nije kriza, a ja, nesrećnica, zbunila se kao niko moj; te triput solim jelo, te sipam zejtin u lampu, te obučem prevrnutu čarapu, i sve tako. Volim, kaže žena, da odležim jedno zapaljenje pluća nego jednu ministarsku krizu.

DARA: Slušam vas vazdan, a i ne skidam šešir. *(Polazeći levo u sobu):* Majka, je li donosila šnajderka haljinu?

ŽIVKA: Nije još.

DARA: Poslala bih Raku da je opet zove. *(Ode.)*

VIII

ŽIVKA, ČEDA

ČEDA *(pripaljuje cigaretu)*: Badava, ovako više ne ide!

ŽIVKA: Pa ne ide, ali, pravo da ti kažem, ne bi ti ni ta jedna klasa mnogo pomogla. Ne može jedna klasa da ti isplati dugove.

ČEDA: Što vi meni jednako te dugove natičete na nos? Nisam ih napravio od besa, nego kad čovek uzme ženu bez miraza pa počne kuću kućiti...

ŽIVKA: Nismo te mi terali da je uzmeš. Ti si uvek govorio da je voliš.

ČEDA: A vi ste govorili da ima 12.000 dinara miraza.

ŽIVKA: Pa ima.

ČEDA: Ama gde su? Voleo bih da vidim tih 12.000 dinara.

ŽIVKA: Primićeš ih od osiguravajućeg društva.

ČEDA: Primiću, al' kad umrete i vi i otac.

ŽIVKA: Pa možeš valjda dotle počekati.

ČEDA: Mogu dotle i umreti.

ŽIVKA: Ne bi baš bila velika šteta.

ČEDA: Pa ne bi za vas, mogli bi još i vi da nasledite i moje osiguranje.

IX

ŽIVKA, ČEDA, PERA

PERA *(ulazeći na srednja vrata)*: Izvinite, ja sam dva puta kucao.

ŽIVKA: Molim, izvolite!

PERA: Gospodin nije kod kuće?

ŽIVKA: Ne!

PERA: A nije ni u kancelariji.

ČEDA: Vi ste činovnik?

PERA: Da, pisar kod gospodina Popovića. Pa hteo sam da mu javim da je kabinet dao ostavku. Hteo sam, znate, ja prvi to da mu javim.

ČEDA: Je li to izvesno?
PERA: Izvesno! A biće da gospodin Popović to već i zna čim nije došao u kancelariju.
ŽIVKA: Ama zar nikako nije dolazio?
PERA: Upravo, dolazio je od jutros, ali je nekako odmah otišao, čim je čuo da je vlada dala ostavku.
ČEDA: Pa onda znači da on zna!
PERA: Zna izvesno! Ali ipak, ja sam hteo prvi to da mu javim. Al' možda ne zna, a svi kažu da su naši pozvani da sastave novu vladu.
ŽIVKA *(prijatno iznenađena)*: Naši?
PERA: Da, naši, a ja bih hteo to da mu javim.
ČEDA: A vi u „naše" računate?...
PERA: Pa „naši"!... Gospodin Stevanović je već otišao u Dvor.
ŽIVKA: Stevanović?...
PERA: Ja sam ga svojim očima video.
ŽIVKA: O, bože moj, kako bi to bilo dobro! Vi ste lično videli Stevanovića kad je otišô?
PERA: Video sam ga.
ŽIVKA: Otišao je baš u Dvor?
PERA: Da!
ŽIVKA: Hvala vam, gospodine, velika vam hvala što ste nas izvestili.
PERA: Ja sad idem na Terazije; šetaću tamo pod kestenovima, pa ako još što opazim, ja ću vam javiti. Samo vas molim, kad dođe gospodin Popović, kažite mu da sam ja prvi došao i doneo vest da će naši obrazovati kabinet.
ČEDA: Reći ćemo!
PERA *(gospođi Živki u koju kao da ima više poverenja)*: Molim vas, gospođo, recite samo: Pera pisar iz administrativnog odeljenja.
ŽIVKA: Hoću, gospodine!

PERA *(već na vratima)*: Ako bi bilo što vrlo interesantno, vi ćete dopustiti?...

ČEDA: O, molim...

PERA: Vi ćete mi dopustiti... *(Ode.)*

X

ŽIVKA, ČEDA

ŽIVKA: Zete, nisam te zagrlila od dana venčanja. *(Grli ga.)*

ČEDA: Ali čemu se vi to radujete?...

ŽIVKA: Gle sad! Mesto i ti da se raduješ, a ti još pitaš. Rako! Rako!

ČEDA: Čemu da se radujem?...

ŽIVKA: „Naši"! Jesi li čuo šta kaže čovek: „naši"!

ČEDA: Ama koj' čovek?

ŽIVKA: Pa ovaj...

ČEDA: Pera pisar iz administrativnog odeljenja. Za njega su „naši" svi koji obrazuju kabinet. On to, izvesno, svakome tako javlja.

ŽIVKA: Ali kaže čovek: Stevanović otišao u Dvor.

ČEDA: Pa?

ŽIVKA: Pa to! Ti možeš da avanzuješ, a može i on...

ČEDA: Ko?

ŽIVKA: Kako ko? Sima!

ČEDA: Pa otac je već načelnik ministarstva, šta može više?

ŽIVKA: A Državni savet, a upravnik Monopola, a predsednik Opštine? Oho, moj brajko, samo kad se hoće, ima vazdan. *(Na vratima):* Rako! Rako!

ČEDA: Šta će vam?

ŽIVKA: Da kupi novine. Crkoh od radoznalosti! Rako! Rako!

XI

PREĐAŠNJI, MOMAK iz MINISTARSTVA

MOMAK: Dobar dan, gospođo!
ŽIVKA *(pretrne)*: Iju! Dobar dan!
MOMAK: Molim lepo, poslao me je gospodin da mu date njegov cilinder.
ŽIVKA: Cilinder?...
MOMAK: Jeste!
ŽIVKA *(ne verujući)*: Ama, cilinder?
MOMAK: Jeste, cilinder.
ŽIVKA: Ju, tako su mi se najedanput oduzele noge! Je l' vam to gospodin kazao da mu odnesete cilinder?
MOMAK: Jeste, on.
ČEDA *(i on se zainteresovao)*: A gde je gospodin?
ŽIVKA: Odista, gde je on?
MOMAK: Eno ga u ministarstvu.
ŽIVKA: A je li vam kazao šta će mu cilinder?
ČEDA: Eto ti sad! Otkud će momku reći šta će mu cilinder?
ŽIVKA: Oh, bože, tako sam se zbunila. Pa gde je sad ta Dara? Rako! Rako!
ČEDA *(na levim vratima)*: Daro! Daro!...

XII

PREĐAŠNJI, RAKA, DARA

RAKA *(na srednjim vratima)*: Šta me zoveš?
ŽIVKA: Jesi li kupio novine? A jest, bogami, nisam ti ni dala. Ama, gde je ta Dara?
DARA *(na levim vratima)*: Bila sam u kujni.

ŽIVKA: Cilinder, otac traži cilinder!
DARA: Pa gde je?
ŽIVKA: Poslednji put, kad je bio prijem o kraljevom danu, met'la sam ga tamo u sobi, na orman.
RAKA: A, nije, ja sam ga video u sali iza furune.
ŽIVKA: Pa, zaboga, idite, idite, nađite ga! Ali brzo, odmah!
DARA I ČEDA *(odlaze u sobu)*.
ŽIVKA *(momku)*: A je li gospodin bio raspoložen kad je tražio cilinder?
MOMAK: Nije!
ŽIVKA: A ljut?
MOMAK: Nije bio ni ljut.
DARA *(vraća se)*: Nema ga!
ČEDA *(za njom)*: Nigde ga nema!
ŽIVKA: Ama, kako da ga nema? *(Odjuri zadnjim vratima)*: Anka! Anka! *(Svima):* Ta tražite ga, zaboga!
ČEDA: Ama, šta ste se zbunili?
ŽIVKA: Pa tako je to, dabome, kad čovek jedanput u godini nosi cilinder. I ko će sad da mu se seti gde je!

XIII

PREĐAŠNJI, ANKA

ANKA *(dolazi)*: Izvol'te!
ŽIVKA: Znate li vi, Anka, gde je cilinder gospodinov?
ANKA: Bio je na ormanu, ali ga je ovaj skinuo *(pokazuje na Raku):* kad se igrao s njim.
ŽIVKA: Bog te ubio, da te ne ubije, opet ti!
RAKA: Nije istina! Ja sam uzeo samo kutiju da napravim aeroplan, a cilinder sam ostavio.

ŽIVKA: Pa gde si ga ostavio?
RAKA: Ne znam!
ŽIVKA: Ajde tražite ga, tražite ga, zaboga, mora se naći! *(Raziđu se svi po kući da traže cilinder.)*

XIV
ČEDA, MOMAK

ČEDA *(momku, s kojim je ostao sam)*: A vi ste davno u ministarstvu?
MOMAK: Vrlo davno, gospodine...
ČEDA: I vama je to sasvim obična stvar kad se menja ministarstvo. Promenili ste ih mnogo?
MOMAK: Mnogo! Kolikima sam i kolikima ja već sagledao leđa.
ČEDA: I vi mora biti imate dobar nos, znate već unapred da omirišete situaciju?
MOMAK *(laska mu to)*: Pa... razume se!... Znao sam ja još pre tri dana da će ova vlada pasti.
ČEDA: E?
MOMAK: Ama, znam ja to iako ne čitam novine. Čim vidim da ministar svaki čas zivka blagajnika, i čim vidim mnogo zgužvanih hartija u korpi kraj ministrovog stola, ja odmah kažem u sebi: ovaj se sprema.
ČEDA: A šta kod vas znači kad vas pošlju za cilinder?
MOMAK: Znači da je gospodin pozvan u Dvor i taj posao treba brzo svršiti, jer bivalo je da ja po kome donesem cilinder, a on ga pogleda k'o krava mrtvo tele i veli: „Dockan, nosi natrag"!
ČEDA *(usplahiren)*: Dakle, bivalo je i to?! *(Odjuri vratima i prodere se na njima)*: Ama, šta se vazdan majete, dajte taj cilinder!

XV
ŽIVKA, DARA, ČEDA, ANKA, MOMAK

ŽIVKA *(nosi cilinder i gladi ga rukavom od bluze).*
DARA I RAKA *(dolaze za njom).*

ŽIVKA: Kad ga, nesrećnik, metnuo pod minderluk i napunio ga orasima! Ko bi se setio da ga traži pod minderlukom?
ČEDA *(ščepa cilinder od Živke, strpa ga momku u ruke i gura ga)*: Idite, idite, u vašim je rukama sudbina ove zemlje. *(Izgura ga):* Žurite, molim vas, žurite!

XVI
PREĐAŠNJI, bez MOMKA

ŽIVKA *(Čedi, pošto je momak otišao)*: Ti znaš nešto?
ČEDA: Ne znam, ali... dabome! Kriza... cilinder...
ŽIVKA: I ti možeš još da čekaš; što ne trčiš tamo?
ČEDA: Kuda?
ŽIVKA: Na Terazije!
ČEDA: Pa tamo je već gospodin Pera iz administrativnog odeljenja.
ŽIVKA: Ama, kako možeš da izdržiš i da čekaš da ti drugi donosi novosti. Dajte mi šešir, idem sama!...
ČEDA: Kuda?
ŽIVKA: Na Terazije!
DARA: Bože, mama, otkud to ide!
ČEDA: Dobro, dobro, evo idem ja!
RAKA: I ja ću! *(Dune na vrata.)*

ŽIVKA *(Čedi)*: Ali nemoj da se zabiješ u kafanu. Prođi svuda, promuvaj se, pa kad čuješ što, a ti dođi odmah. Znaš kako smo mi ovde, kao na žeravici.

ČEDA *(uzme šešir)*: Ne brinite, javiću već! *(Odlazi.)*

XVII

ŽIVKA, DARA

ŽIVKA *(seda umorna na kanabe)*: Oh, bože, ne smem čisto ni da kažem: a znaš li ti šta to znači kad se traži cilinder?
DARA: Ne znam!
ŽIVKA: Zovu ga u Dvor.
DARA: Oca? A zašto ga zovu?
ŽIVKA: Zašto? E jesi prava glupača! O bože, kako se to nijedno dete nije izmet'lo na mene. Svi su glupi na oca! *(Imitira je):* „Zašto ga zovu?" Pa ne zovu ga, valjda, da im nasađuje kvočke; nego, čula si, pala vlada i sad ima nova da se sastavi.
DARA: Pa da vi ne mislite?...
ŽIVKA: Šta mislim? Ajd', baš da čujem; šta mislim ja?
DARA: Ne mislite valjda da otac bude ministar?
ŽIVKA: Strah me je da mislim, a mislim. Pa eto, tražio je cilinder. Zar ne vidiš da ja držim oba palca stegnuta. Stegla sam ih krvnički, bojim se iščašiće se, ali ako, toliko mogu za moga muža da učinim.
DARA: Oh, bože, kad bi se to desilo... mogao bi onda i Čeda...
ŽIVKA: Taman, kao da je Čeda prva briga. Kamo sreća da si ti mene poslušala...
DARA: Šta da sam te poslušala?
ŽIVKA: Pa eto, to... ako bi se desilo da otac postane ministar da nisi pošla za toga, kako bi se lepo udala kao ministarska ćerka.
DARA *(uvređeno)*: Bože, majka, kakav je to razgovor!

ŽIVKA: Pa ne, al' kažem.
DARA: Meni ni ovako ništa ne fali.
ŽIVKA: Tebi ne fali, nego njemu.
DARA: Njemu?
ŽIVKA: Pa dabome... nema škole, ne zna jezike, ne može da pravi karijeru, i onako nekako ne pristaje...
DARA: Meni je dobar, a vama se i ne mora dopadati. Kad sam ja zadovoljna, šta vi imate tu?
ŽIVKA: Pa već ti, znam ja tebe. Ko dirne njega, kao da te je u oko dirnuo.
DARA: Pa jeste!

XVIII

PREĐAŠNJI, PERA

PERA *(na zadnja vrata)*: Izvinite, ja...
ŽIVKA *(skoči kao oparena)*: Šta je, zaboga, ima li čega novog?
PERA: Ima.
ŽIVKA: Govorite!
PERA: Video sam ga.
ŽIVKA: Koga?
PERA: Njega, gospodina. Video sam ga, otišao je u Dvor, ima cilinder na glavi.
ŽIVKA *(uzbuđeno)*: Da se niste prevarili?
PERA: Ta kako bih se prevario! Video sam ga k'o što vas sad vidim. Javio sam mu se.
ŽIVKA: A on?
PERA: I on se meni javio.
ŽIVKA: A ne znate zašto je otišao u Dvor?
PERA: Kako ne znam: svi su naši pozvani.

ŽIVKA: I mislite da bi se to moglo još danas svršiti?
PERA: Kako još danas, još sad. Ko zna, možda je i potpisano.
ŽIVKA *(Dari)*: Steži palac, Daro! *(Glasno):* Da li je to moguće da je već potpisano?
PERA: Idem da ih sačekam kad izlaze; pročitaću im sa lica ukaz. Ali vas molim da kažete gospodinu da sam ja prvi koji sam došao da mu javim da je otišao u Dvor. A ja ću...
ŽIVKA: Da, dođite odmah, čim čujete što.
PERA: Pera pisar iz administrativnog odeljenja. *(Klanjajući se, odlazi.)*

XIX

ŽIVKA, DARA

ŽIVKA *(vraćajući se sa vrata)*: Daro, dete moje, meni je čisto došlo da plačem. *(Plače):* A ti... ti ništa?
DARA: Kako ništa, zaboga, još kako sam uzbuđena; samo pravo da vam kažem, ja čisto ne verujem u toliku sreću.
ŽIVKA: Slušaj, obuci se pa da idemo na Terazije, da čekamo.
DARA: Ali, zaboga, majko, to ne ide!
ŽIVKA: Pa jeste da ne ide, pravo kažeš; jer ako je on već ministar, onda nema smisla da ja idem peške.
DARA: Ama nije to, nego zbog sveta.
ŽIVKA: A grize me nestrpljenje, ne mogu prosto da izdržim. I gde je, molim te, sad onaj tvoj, što ne dolazi. *(Odlazi na prozor)*: Zabio se izvesno u kafanu, a što mi ovde gorimo na žeravici, to se njega ne tiče. *(Nervozno šeta i krši prste):* Uh, da mi je da se sad pretvorim u muvu pa da uletim u Dvor da svojim ušima čujem kako kralj kaže Simi: „Pozvao sam vas, gospodine Simo, da vam ponudim jedan portfelj u kabinetu!" A onaj moj šmokljan, mesto da kaže:

"Hvala, vaše veličanstvo!", sigurno će početi da muca. Ubio ga bog sa suklatom, sigurna sam da će mucati.

DARA *(prekoravajući je)*: Ali, zaboga, mama!

ŽIVKA: Uh, kćeri, sve drugo ne marim, ali samo da mi je da gospa-Dragu svučem sa državnog fijakera, pa makar za dvadeset i četiri sata. Prilepila se za fijaker kao taksena marka, pa misli niko je ne može odlepiti. E, odlepićeš se, sinko. Još poslepodne ćemo se voziti na ministarskom fijakeru.

DARA: Ali, čekaj, zaboga, majka, treba prvo skočiti...

ŽIVKA: Naposletku i ne marim za gospa-Dragu. Bar je žena vaspitana, otac joj je bio činovnik Glavne kontrole. Ali gospa Nata! No, teško zemlji kad je doživela da ona bude ministarka! Majka joj izdavala kvartire za samce, a ona nameštala krevete tim samcima...

DARA: Nemoj tako, majka, pa evo i ti možeš postati ministarka.

ŽIVKA: Pa šta, ima valjda neke razlike između mene i Nate. Moja majka je šila u vojnoj šivari, ali je zato mene lepo vaspitala. Ja sam svršila tri razreda osnovne škole i, da sam htela, mogla sam još da svršim. Da ja nisam bila takva, ne bi mene tvoj otac uzeo; on je bio već činovnik kad me je uzeo.

DARA: Pa jest, samo, kažu, morao je da te uzme.

ŽIVKA: To tebi valjda tvoj muž kaže. Bolje bi bilo kada bi on požurio da nam javi šta je novo. Ali, dabome, on se zavukao negde u kafanu. *(Seti se)*: Čekaj... gde su karte?... Ti si ih sinoć razmeštala.

DARA: Eto ih u fioci.

ŽIVKA *(vadi ih i meša)*: Baš da vidim kako u kartama stoji. *(Razmeštajući)*: Kad je poslednji put Sima avanzovao, pogodile su mi, ne možeš čisto da veruješ kako su mi sve pogodile. Šta se utrpala između mene i Sime ova udovica! *(Broji)*: Jedan, dva, tri, četiri, pet, šest, sedam... Glas. *(Broji u sebi)*: Kuća... brzo... novac s večeri. *(Govori)*: Znam, to će tetka Savka da mi donese... Cela istina... krevet! *(Skupi dva donja reda i počne pokrivati karte.)*

DARA: A što pokrivaš sebe?
ŽIVKA: Pa da vidim to, hoću li biti ministarka?
DARA: Bože, mama, pa pokrij oca, jer glavno je pitanje hoće li on biti ministar...
ŽIVKA: Pravo kažeš! Desetka herc... velika radost. Bogami, ćerko... ako je po kartama...

XX
PREĐAŠNJI, ANKA

ANKA *(dolazi sa jednom devojčicom, koja nosi haljinu uvijenu u beo čaršav)*: Krojačica poslala haljinu...
ŽIVKA: Nosi natrag, nemam kad da je probam.
DARA: Ali, zaboga, majka, što ne probaš?
ŽIVKA: Tako... Donesi poslepodne...
DARA: Pa to je časkom.
ŽIVKA: Nek donese poslepodne, jer... ne znam kakav ću aufpuc. Ako bude *ono*, onda ću svileni aufpuc, a ako ne bude *ono*, onda ću satinski... eto ti!...
DEVOJČICA: Šta da kažem gospođici?
ŽIVKA: Reci joj: ako bude ono, onda ću svileni aufpuc.
DARA *(prekida je)*: Nemoj ništa da kažeš gospođici nego donesi poslepodne haljinu.
DEVOJČICA *(ode)*.
ANKA *(ode za devojčicom)*.

XXI
ŽIVKA, DARA

ŽIVKA: Ju, ju, ju, ala mi zaigra desno oko... najedanput zaigra.

DARA *(koja je bila kod prozora)*: Evo ga Čeda.

ŽIVKA: Je l' trči? Je l' se smeje? Je l' maše maramom? Pitaj ga, pitaj ga šta je.

DARA: Ušao je već u dvorište.

ŽIVKA: Da znaš da nam nosi dobar glas! Nije meni badava oko tako najedanput zaigralo.

XXII

PREĐAŠNJI, ČEDA

ŽIVKA *(tek što se Čeda javio na vratima)*: Govori!

ČEDA: Čekajte, zaboga!...

ŽIVKA: Ako mi odmah ne kažeš, pašću u nesvest!

ČEDA: Ali čekajte da vam kažem sve po redu.

ŽIVKA: Pa govori, ne oteži!

ČEDA: Dakle, vraćajući se ovamo, ovako sam mislio...

ŽIVKA *(ščepa ga za gušu)*: Govori: je li, ili nije? Je li, ili nije: razumeš li?

ČEDA: Ama, čekajte! Dakle, ovako sam smislio. Otac da meni izradi jedan zajam kod Klasne lutrije na privredne ciljeve, i to da mu bude mesto miraza. S tim da odužim dugove, a posle...

ŽIVKA: Daro, kćeri, meni mrkne pred očima. Kaži tvome mužu neka kaže: da ili ne, inače ću ga gađati stolicom!

DARA: Pa kaži, zaboga!

ŽIVKA: Da ili ne?

ČEDA: Da!

ŽIVKA: Šta?

ČEDA: Ministar.

ŽIVKA: Ama ko, ubio te bog, da te ubije, ko ministar?

DARA: Je l' otac?

ČEDA: Jeste!
DARA *(ushićena, zagrli ga, srećna)*: Slatki moj Čedo!
ŽIVKA: Deco, deco, pridržite me! *(Klone, umorna od uzbuđenja, u stolicu.)*
ČEDA: Dakle, kažem, to sam smislio: da otac meni izradi iz Klasne lutrije jedan zajam od 12.000 dinara na privredne ciljeve, i to da mi bude kao miraz. S tim ću lepo da otplatim dugove i tada, kao pride, da mi da tri klase.
ŽIVKA *(skoči)*: Kako to ti: otac ovo, otac ono. Pita li se tu valjda još kogod?
ČEDA: Pa da, pitaju se i drugi ministri!
ŽIVKA: A ja?
ČEDA: Pa šta ste vi?
ŽIVKA: Kako šta? Još pitaš. Ja sam gospođa ministarka! *(Udari u sladak smeh od zadovoljstva):* Ju, ubio me bog, čisto ne verujem svojim rođenim ušima. Kaži mi, Daro, ti!
DARA: Šta da vam kažem?
ŽIVKA: Pa zovi me kao što će odsad ceo svet da me zove.
DARA: Gospođo ministarka!
ŽIVKA *(Čedi)*: Ajde kaži i ti!
ČEDA: Hoću, al' kažite i vi meni: gospodin ministrov zete; da čujem, znate, kako to zvuči!
ŽIVKA: Pre svega, zet — to nije ništa, a drugo, pravo da ti kažem, ti nekako i ne ličiš.
ČEDA: Gle, molim te! A vama već liči, kao...
ŽIVKA *(unese mu se u lice)*: Kao šta?
ČEDA *(gundajući)*: Ta već...
ŽIVKA: Ajde, ajde, lani ako hoćeš da ti počeše jezik paragraf sedamdeset šesti.
ČEDA: Oho, ho! Pa vi govorite kao da ste vi ministar.

ŽIVKA: Ako nisam ministar, a ja sam ministarka, a upamti: to je, koji put, mnogo više.

DARA: Ali, zaboga, Čedo, majka! Nemojte se svađati, ne liči to ministarskoj kući!

ŽIVKA: Pa da, ne liči. Al' tako je to kad nije vaspitan da bude u ministarskoj kući.

XXIII
PREĐAŠNJI, RAKA

RAKA *(uleti)*: Mama, znaš šta je novo? Tata je postao ministar!

ŽIVKA *(ljubi ga)*: E, a ko ti je to kazao, čedo?

RAKA: Kažu mi deca, i mene su odmah prozvali ministarsko prase.

ŽIVKA: Mangupska posla. Više se nećeš družiti sa tim mangupima.

RAKA: Nego s kim ću?

ŽIVKA: Družićeš se odsad s decom engleskog konzula.

RAKA: A nije to ništa što su me nazvali prase, nego su mi psovali i majku.

ŽIVKA: A znaju li oni da je tvoj otac ministar?

RAKA: Znaju, pa baš zato i psuju!

ŽIVKA: Zapisaćeš mi tu bezobraznu decu, pa ćemo ih premestiti u unutrašnjost: i decu, i razred, i učitelja. U ovoj zemlji mora jedanput da bude reda i da se zna kome se sme psovati mater, a kome ne sme.

RAKA: Jaoj, da znaš, mama, što volim što je tata postao ministar!

ŽIVKA: E?!... A zašto?

RAKA: Pa, odsad kad me tata istuče, ja samo skupim demonstracije, pa se razderemo: dole vlada!

ŽIVKA: Pregrizô jezik ti, dabogda!...
RAKA: Dole vlada!...
ŽIVKA: Kuš, kad ne umeš da govoriš kao pametno dete!
RAKA: A nisam ti ni kazao! Evo ga ide otac!
ŽIVKA: Ide? Pa što ne govoriš, marvo jedna, nego brbljaš koješta. *(Zbuni se):* Deco, deco, nemojte da mi smetate. Vi stanite iza mene. Bože moj, ko bi to rekô: otišao jutros od kuće kao običan čovek, a vraća se ministar. Ama stanite ovamo, nemojte mi smetati!

XXIV
PREĐAŠNJI, POPOVIĆ

POPOVIĆ *(pojavljuje se na vratima pod cilindrom).*
ŽIVKA *(grli ga)*: Ministre moj!
ČEDA I DARA *(ljube mu ruku)*: Čestitamo!
RAKA *(razdere se iz sveg glasa)*: Dole vlada!
ŽIVKA *(skoči kao oparena i, kako je bila već prihvatila iz Popovićeve ruke cilinder, ona ga natuče Raki na glavu da mu tako uguši glas)*: Kuš, prokleto štene! Ubio ga bog da ga ubije i kad ga rodih ovako prokletoga!
POPOVIĆ: No, no, Živka, uzdrži se, zaboga!

XXV
PREĐAŠNJI, PERA

PERA *(uđe, i kad spazi Popovića, zbuni se)*: Izvinite... ja, ovaj... ja sam došao da vam javim da ste postali ministar.
POPOVIĆ: Znam ja to, gospodine Pero.
PERA: Znam ja da vi to znate, al' opet sam ja hteo prvi da vam javim.

POPOVIĆ: Hvala, hvala!
ŽIVKA: Hoćete li vi, gopodine Pero, sad u ministarstvo?
PERA: Na službi, gospođo ministarka.
ŽIVKA: Naredite da odmah posle podne, u četiri sata, dođe ovde ministarski fijaker.
POPOVIĆ: Šta će ti to?
ŽIVKA: Pusti me, molim te! Hoću da se provozam triput od Kalimegdana do Slavije pa makar posle umrla. Naredite, gospodine Pero!
PERA: Razumem, gospođo ministarka. *(Klanja se izlazeći):* Pera pisar iz administrativnog odeljenja!...

DRUGI ČIN

Ista soba, samo sada bogatija nameštajem koji je bez ukusa razmešten.

I

ČEDA, ŠTAMPARSKI ŠEGRT

ČEDA *(sedi za malim stočićem na kome je telefon i završava razgovor)*: Gospođa ministarka nije momentano kod kuće... Ne!... Kako?... Pa, pravo da vam kažem, ja ne znam kad prima. — ...A, zvala vas je?... To je druga stvar. Pa onda izvolite u koje doba želite, ona će, izvesno, kroz koji čas biti kod kuće. — Molim za vaše ime? Dr Ninković, sekretar Ministarstva spoljnih poslova. — Lepo, ja ću reći, a vi izvolite! *(Zatvara telefon.)*
ŠTAMPARSKI ŠEGRT *(donosi pakete)*: Evo, molim, vizitkarte.
ČEDA: Je l' plaćeno?
ŠEGRT: Jeste! *(Predaje mu šest kutija.)*
ČEDA *(iščuđava se)*: Oho! Pa koliko je to?
ŠEGRT: Šest stotina.
ČEDA: Šest stotina?!!...
ŠEGRT: Toliko je gospođa poručila.
ČEDA: Dobro, dobro, idi!...
ŠEGRT *(ode).*

II

ČEDA, DARA

ČEDA *(otvori paket, vadi jednu vizitkartu i slatko se smeje).*
DARA *(nailazi iz sobe)*: Šta se ti tako slatko smeješ?...
ČEDA: Ama, kako da se ne smejem. Čitaj, molim te! *(Daje joj vizitkartu.)*
DARA *(čita)*: „Živana Popović ministarka". *(Govori):* Pa šta?
ČEDA: Kako pa šta? Otkud se na kartama piše: „ministarka"! Kao da je to zanimanje: ministarka.
DARA: Pa kad ona neće nikog da zapita no sve sama radi.
ČEDA: Pa onda — šest stotina vizitkarata! Koliko godina misli ona da će biti ministarka? Ili misli možda da svoje vizitkarte rastura po narodu kao proklamacije.
DARA: A vidiš, napisala Živana.
ČEDA: Pa da, gospa Živka joj prosto, nije ministarsko ime. A gde je ona, boga ti, od jutros?
DARA: Kod zubnog lekara.
ČEDA: Šta će tamo?
DARA: Šta znam ja, opravlja zube. Već četiri dana ide svaki dan.
ČEDA: Tražio je neki sekretar Ministarstva spoljnih poslova na telefonu.
DARA: Jesi li ti razgovarao sa ocem?...
ČEDA: Jesam, ali s njim ne vredi razgovarati. Njega je tamo neki ludi vetar ubacio u ministre, a nije za to rođen. Za ministra se mora, brate, roditi. Zamisli, molim te, on hoće i da bude ministar i da ostane čist. Nije nego još nešto! Ja mu lepo kažem: „Vi ne možete, pa ne možete da mi date obećani miraz, e pa evo vam sad dobra prilika: izradite mi jedan privredni zajam kod Klasne lutrije." Ti privredni zajmovi niti se upotrebljavaju na privredu niti se vraćaju državi.
DARA: A šta on kaže?

ČEDA: Veli: neće on da se prlja, hoće da ostane pošten čovek.
DARA: Pa to je lepo! Što mu zameraš?
ČEDA: Ama to je lepo u teoriji, ali u praksi nije.
DARA: Zar ne umeš što drugo da smisliš?
ČEDA: Pa već docnije, ako bude trebalo, smisliću ja još štogod, ali najpre treba ovo ostvariti.
DARA: Ne ostaje ti ništa drugo nego opet s majkom da razgovaraš.
ČEDA: Samo kad bi se s njom moglo čestito razgovarati.

III

PREĐAŠNJI, GĐA ŽIVKA

ŽIVKA *(dolazi spolja pod šeširom, a za njom jedan fotografski šegrt nosi preko ruke haljinu uvijenu u beli čaršav)*: Metni ovde!
ŠEGRT *(ostavi haljinu preko stolice).*
ŽIVKA: Tako, sad možeš ići!
ŠEGRT *(ode).*
DARA: Gde si, boga ti, nosila tu novu haljinu?
ŽIVKA: Fotografisala sam se; dvanaest kabinet i jedna velika za izlog. A bila sam i kod zubnog lekara. Je li me tražio ko?
ČEDA: Donete su vizitkarte.
DARA: Zaboga, majka, šta će ti šest stotina?
ŽIVKA: Kako šta će mi? Tolika familija pa moram svakom da dam za uspomenu i inače, potrošiće se to za tri godine. Je l' te, deco, a primećujete li vi štogod na meni?
ČEDA: Ništa...
ŽIVKA: A kad se nasmejem? *(Smeje se.)*
ČEDA: Zlatani zub.
DARA: Zaboga, mama, pa tebi je taj zub bio potpuno zdrav.

ŽIVKA: Pa bio je zdrav, dabome.
DARA: Pa što si navukla zlato na njega?
ŽIVKA: Nego! Kakvo je to pitanje? Zar gospa Draga ima zlatan zub; zar gospa Nata ima dva zlatna zuba, pa čak i gospa Roksa protinica ima zlatan zub, a ja da ga nemam.
ČEDA: Pa da, otkud ima smisla to: ministarka, a da nema zlatan zub!...
ŽIVKA: Pa dabome! Kad dođe tako neko otmeniji u posetu, pa se u razgovoru nasmejem, a mene čisto sramota.
ČEDA: Sasvim!
ŽIVKA: Ne znam samo da l' bi lepo stajalo da i s desne strane napravim jedan zub?
ČEDA: To bi lepo bilo zbog simetrije.
ŽIVKA: Niko me na telefonu nije tražio?
ČEDA: Jeste. Neki dr Ninković.
ŽIVKA: Je l' rekô da će doći?
ČEDA: Jeste.
ŽIVKA: Baš dobro!
DARA: Ko ti je to opet?
ŽIVKA: Sekretar Ministarstva spoljnih poslova. Daro, dete, odnesi, boga ti, tu haljinu, metni je u orman. Čekaj. Ponesi i šešir. *(Skida)*: I onako imam sa tvojim mužem da progovorim reč-dve.
ČEDA: Vrlo dobro, i ja imam s vama da razgovorim reč-dve.
DARA *(uzme haljinu sa stolice i šešir pa odlazi)*.

IV

ŽIVKA, ČEDA

ČEDA *(kad su ostali sami)*: Ja sam se rešio, majka, da definitivno uredim stvar.

ŽIVKA: Vrlo dobro, a i ja sam se baš rešila da definitivno uredim stvar.
ČEDA: Ja sam, dakle, rešio da vi još danas razgovarate sa ocem...
ŽIVKA: Čekaj, čekaj da ja prvo tebi kažem šta sam ja rešila. Ja sam, vidiš, dragi moj zete, rešila da uzmem moju ćerku natrag.
ČEDA: Kako da je uzmete natrag?
ŽIVKA: Tako, da se ti lepo i ljudski izvučeš iz ove kuće, i da ostaviš ženu.
ČEDA: Kako, molim vas?
ŽIVKA: Pa tako de, šta se iščuđavaš. Da napustiš ženu, i ona tebe da napusti.
ČEDA: Tako! A zašto to, moliću?
ŽIVKA: Tako! Nije ona za tebe. Ona je sada sasvim nešto drugo nego što je bila kada si je ti uzeo za ženu.
ČEDA: Je l' te? Gle, molim vas, ko bi to rekô?!
ŽIVKA: I ona sad može da nađe mnogo bolju priliku nego što si ti!
ČEDA: Kako, molim?... Recite to još jedanput.
ŽIVKA: Ama, šta se ti tu vazdan iščuđavaš. Mogu da nađem za nju bolju priliku, pa eto ti.
ČEDA: Tako! E, sad razumem!
ŽIVKA: Pa nema tu, brate, šta da se buniš. Evo, razmisli sam šta si ti i ko si ti: jedna obična vucibatina...
ČEDA *(uvređeno)*: Gospođo ministarka!...
ŽIVKA: Ama de, mi ovo razgovaramo prijateljski i familijarno, i ja tebi to sasvim familijarno kažem da si vucibatina. Jer, eto, šta si ti svršio — ništa. Niti imaš škole, niti znaš jezike; triput si dosad otpuštan iz službe. Zar nije?
ČEDA: Dozvolite...
ŽIVKA: Hoćeš da kažeš: kad si takav, što smo dali dete za tebe. E pa tako, vidiš, zakačio si se za nju, a mi tada nismo bili bogzna šta,

a devojka zamakla u godine a zaćorila, pa eto tako sludovasmo. Bilo što je bilo, šta ćeš mu, ali — ako se stvar može popraviti, treba je popraviti.

ČEDA: Ama koga da popravite?

ŽIVKA: Tebe ne, ne boj se!... Nego stvar... Zato sam ja i smislila da mi tebe najurimo.

ČEDA: Tako! A to ste *vi* smislili?

ŽIVKA: Ja, dabome! Tebe da najurimo, a Daru da udamo kao što joj priliči.

ČEDA: Divan plan. Istina, račun je napravljen bez krčmara, ali svejedno. A šta bi vi, gospođo ministarka, rekli kad bih ja vama rekao da ne pristajem na sve to.

ŽIVKA: Pa ti, ako si pametan čovek, i ako zrelo razmisliš, uvidećeš i sam da je ovako za tebe bolje. Mogao bi čak da dobiješ klasu ako se lepo i familijarno sporazumemo.

ČEDA: Ja ne prodajem ženu za jednu klasu.

ŽIVKA: Pa dobro de, kad si baš zapeo, neka bude dve klase.

ČEDA: Ama, kako vi to, kao da smo na vašaru. Molim vas, recite vi meni, mislite li vi ozbiljno sve ovo što govorite?...

ŽIVKA: Pa ozbiljno, dabome! Ovaj zubni lekar kod koga sam nameštala zub primio se za provodadžiju i već je razgovarao sa čovekom.

ČEDA: Ama kako to, kod mene živog, pa već razgovarao sa čovekom?

ŽIVKA: Bogami, pravo da ti kažem, neću ja za tvoju ljubav da ispustim ovako lepu priliku.

ČEDA: Glete, molim vas! A sme li se bar znati ko je taj budući zet?

ŽIVKA: Počasni konzul.

ČEDA: Kako?

ŽIVKA: Tako, počasni konzul Ni... Čekaj, molim te. *(Vadi iz tašne jedno ceduljče i čita)*: Počasni konzul Nikarague.

ČEDA: Gospode bože, ko vam je to opet?
ŽIVKA: Čovek iz diplomacije i onako od reda, kao što i priliči jednoj ministarskoj ćerki.
ČEDA: E, to mi je milo! A šta je inače taj Nikaragua?
ŽIVKA: Koj' Nikaragua?
ČEDA: Pa taj vaš budući počasni zet?!
ŽIVKA: Kako šta je, pa konzul!
ČEDA: Ama počasni konzul. Ne može se tek od toga živeti. Ko je još od počasti živeo? On mora imati i neko zanimanje?...
ŽIVKA: Pa inače je kožarski trgovac.
ČEDA: Uf, ala to nešto smrdi.
ŽIVKA: Nego kao ti, što niti smrdiš niti mirišeš. Kamo sreće da si ti kožarski trgovac!
ČEDA: Ono, kako vašem Raki trebaju svake nedelje nova pendžeta, bilo bi odista dobro.
ŽIVKA: Gledaj ti svoja pendžeta!
ČEDA: A je l' te, molim vas, smem li znati kako je ime Nikaragui?
ŽIVKA: Ama kakav Nikaragua, ubio te bog!
ČEDA: Pa taj vaš zet.
ŽIVKA: A, za njega pitaš. Ime mu je Rista Todorović.
ČEDA: Dakle, Rista? E, to je lepo, to je odista lepo. A velite, zubni lekar provodadžija?
ŽIVKA: Pa jeste, on!
ČEDA: Slušajte, pa poručite provodadžiji da dođe k meni da progovorimo. Recite mu: vrlo ćemo se lako sporazumeti, jer smo od istog zanata, i ja znam da vadim zube.
ŽIVKA: Ti?
ČEDA: O, te još kako! Prednjake vadim po nekoliko odjedanput, a kutnjake po jedan, ali kad jedan izvadim, sve ostale zaljuljam. Pa zato baš i kažem, recite vašem zubnom lekaru nek dođe k meni.

ŽIVKA: Nije potrebno, jer stvar je već potpuno uređena. Danas će već doći mladoženja na viđenje sa devojkom.

ČEDA: Ama kojom devojkom?

ŽIVKA: Pa sa tvojom ženom.

ČEDA: I doći će ovamo Nikaragua da je gleda?

ŽIVKA: Razume se!

ČEDA: E, to je lepo! Slušajte, pa treba kazati devojci da se obuče. A šta mislite, treba li i ja da se obučem?

ŽIVKA: Ama šta ćeš mi ti! Udaj se ti za tvoj račun, ako ti treba, a nas ostavi na miru.

ČEDA: Sasvim pravo kažete, ja ću se udati za svoj račun! *(Ščepa šešir):* Ja ću vas zvati u svatove! *(Ode naglo.)*

V

ŽIVKA, sama

ŽIVKA *(prilazi telefonu; vadi iz tašne jednu cedulju na kojoj je zapisan dotičan telefonski broj):* ...Je l' to centrala?... Dajte mi, molim vas *(gleda u cedulju):* ...5872.... alo... Je l' to fotograf Pešić?... Vi ste?... Ovde je gospa Živka ministarka. Je l' te, molim vas, nisam vas ni pitala, kad će biti gotove slike?... Tako... a može ranije?... Al' gledajte, molim vas, da ispadnu lepo. Najviše mi je, znate, stalo do toga, ako potraži koji strani list moju fotografiju, pa da bude lepo. Znate kako je to za inostranstvo!...

VI

ŽIVKA, UČITELJICA, RAKA

UČITELJICA *(matora devojka u sako-kostimu, podšišane kose a naočari na nosu. Ona ispada uzbuđena iz sobe).*

RAKA *(dolazi za učiteljicom)*.
UČITELJICA: Pfuj! Pfuj! Šoking?!...
ŽIVKA: Šta je zaboga?!...
UČITELJICA: Nemoguće, nemoguće, gospođo, raditi sa ovim čovekom. To je tako nevaspitano i bezobrazno derište, da ja prosto ne mogu više da podnesem.
ŽIVKA: Ali šta je, zaboga?
UČITELJICA: Izvolite, pitajte ga. Meni je odvratno i da vam kažem šta je taj čovek kadar da kaže!
ŽIVKA *(Raki)*: Govori! Šta si joj kazao?
RAKA *(on je obučen u belo mornarsko odelo sa kratkim nogavicama te mu se vide gola kolena)*: Baš ništa!...
UČITELJICA: No! E to već prelazi sve granice. Ne bih nikad inače, al' moram reći, zamislite, opsovao mi mater.
ŽIVKA: Nesrećni sine, zar učiteljici engleskog jezika da psuješ mater?
RAKA: Nisam!
ŽIVKA: Jesi, nesrećniče; jesi, ubio te bog da te ne ubije! I zašto da joj psuješ mater? Zar ona tebe uči i vaspitava, a ti da joj psuješ mater? Zašto, ajde kaži mi, zašto?
RAKA: Pa kad ona mene tera da izgovorim deset puta reč: „rešons lajzejšn"!
ŽIVKA: Pa izgovori?...
RAKA: Jes', izgovori. Misliš ti, lako je to. Ajd' neka ona kaže deset puta: „Ture bure valja, bula Ture gura; niti Ture bure valja, niti bula Ture gura!" Ajd' neka izgovori to deset puta, pa evo ja pristajem neka mi opsuje i oca i majku.
UČITELJICA: Pfuj!
ŽIVKA: Marš, stoko jedna! Zar je za tebe vaspitanje! I ja još, sirota, hoću da nauči engleski, da bi se mogao igrati sa decom

engleskog konzula, a on, kakav je, mogao bi opsovati oca i samome engleskome konzulu. Napolje, bitango, vuci mi se ispred očiju!...

RAKA *(izlazeći)*: Zar sam ja lud da krham vilice sa tim tvojim engleskim jezikom!? *(Ode.)*

ŽIVKA *(učiteljici)*: Izvinite, gospođice, molim vas. Dođite vi sutra opet.

UČITELJICA *(buni se)*: Ah, nemoguće je raditi s tim čovekom.

ŽIVKA: Ama dođite vi samo, a taj će čovek već dobiti svoje.

UČITELJICA: Ajde! Službenica! *(Odlazi.)*

VII

ŽIVKA, DARA

ŽIVKA *(ode levim vratima)*: Daro! *(Jače):* Daro!

DARA *(dolazi)*: Šta, Čeda otišô?

ŽIVKA: Da, otišao! Uredila sam stvar sa njime.

DARA: E, kako?

ŽIVKA: Saopštila sam mu da je pod današnjim danom razrešen dužnosti.

DARA: Kakve dužnosti?

ŽIVKA: Pa dužnosti muža.

DARA: Ja te ništa ne razumem. Otkako si ministarka, ti sve nekim zvaničnim jezikom govoriš. Od čega si ga razrešila?

ŽIVKA: Rekla sam mu da od danas nije više tvoj muž. Eto ti, je l' razumeš sad?

DARA: Kako?!... A zašto?

ŽIVKA: Zato što se javila jedna vrlo lepa prilika za tebe.

DARA: Kakva prilika, pobogu, majko?!...

ŽIVKA: Odlična. Čovek od reda, kao što ti i priliči. Počasni konzul Ni... ne mogu da se setim, čiji je konzul; ali za tebe je svejedno. Inače, Rista Todorović, trgovac.
DARA: Bože, majka, pa zar ja nisam udata!?
ŽIVKA: Jesi, al' to ćemo da izbrišemo. Zar ne vidiš i sama da on nije prilika za tebe? Niko i ništa, čovek kome je jedino zanimanje: zet.
DARA: On je činovnik, majka!
ŽIVKA: More, kakav činovnik. Čas u službi a čas napolje. Jesmo li triput dosad trčali za njega da ga spasavamo? Nego tako, zaćorila si se, a mi popustili, pa sad trljamo glavu od brige. Dobro što smo dosad trpeli, nije nam se moglo drukčije pa smo trpeli. Ali sad, bogami, može nam se, pa ne moramo više da trpimo.
DARA: Mama, zaboga, mama, šta ti govoriš! A pitaš li ti boga ti, mene: pristajem li ja?
ŽIVKA: Pa ne pitam te. Čekam da vidiš najpre mladoženju, pa ću onda da te pitam.
DARA: Ama ostavite se vi mladoženje. Pitajte vi najpre pristajem li ja da napustim muža.
ŽIVKA: Pa kad nije za tebe prilika.
DARA: A bio je, je li, prilika kad nisam bila ministarska ćerka?
ŽIVKA: Nije ni onda.
DARA: Za mene jeste.
ŽIVKA: A ti ga uvij u pamuk pa ga metni pod jastuk i čuvaj ga. Meni ne treba, i da znaš, od danas nije više moj zet.
DARA: Al' je moj muž!
ŽIVKA: Tako ti boga, zar ti odista ne bi napustila tu vucibatinu?
DARA: Samo u slučaju kad bih znala da me vara.
ŽIVKA: Pa, vara te!
DARA: Ko to kaže?
ŽIVKA: Pa, muško, mora da vara ženu. Tako je to od boga.
DARA: Kad bih to znala...

ŽIVKA: E, pa nek smo živi i zdravi, pa ćeš znati i to!
DARA: Dogod se ne uverim, ne verujem, pa eto ti!
ŽIVKA: E pa uverićeš se!
DARA *(udari u plač)*: To nije istina, to vi samo tako kažete!
ŽIVKA: Gle sad, a što plačeš?
DARA: Nije nego da se smejem posle ovakvog razgovora. Plačem, dabome da plačem. *(Ode u sobu plačući.)*

VIII

ŽIVKA, ANKA, PERA

ANKA *(na vratima)*: Moli vas gospodin Pera pisar da ga primite.
ŽIVKA: Neka uđe.
ANKA *(povlači se i propušta g. Peru)*.
PERA PISAR *(na vratima)*: Dozvoljavate li?
ŽIVKA: Izvolite!
PERA: Svratio sam samo ako bi gospođa ministarka trebala kakve usluge?
ŽIVKA: Hvala. Zasad baš ništa.
PERA: I hteo sam da zamolim gospođu ministarku da me ne zaboravi. Ja ništa više ne tražim nego to da me gospođa ministarka ne zaboravi.
ŽIVKA: Nego, vidiš, sad mi baš pade na pamet! Vi znate moga zeta?
PERA: Kako ga ne bih znao, poznajem ga vrlo dobro.
ŽIVKA: Pa lepo, da li znate štogod onako bliže o njemu? Na primer: da li ima kakvu žensku s kojom je onako... kako da kažem... Pa de, onako?...
PERA: To ne znam, gospođo!

ŽIVKA: Ama kako da ne znate, to muški među sobom moraju znati.
PERA: Izvinite, ali ja ne spadam u te muške što međusobno znaju te stvari.
ŽIVKA: Pa ipak, morali bi bar čuti štogod?
PERA: Verujte mi, gospođo ministarka, nisam ni čuo, a pravo da vam kažem, ja i ne verujem da je on takav.
ŽIVKA: Ama, nemojte vi „ne verujem da je takav". A kakav će da bude nego takav! Zar nikad niste čuli ma šta tako o njemu?
PERA: Nisam, bogami!
ŽIVKA: Ne mogu prosto da verujem!
PERA: Pa, pravo da vam kažem, gospođo: on je dosad bio samo siromašni činovnik, mala plata, a znate kako je, ženske koštaju, pa kud bi tu siromašan činovnik sa malom platom, baš i kad bi hteo.
ŽIVKA: Pa to vi kao da hoćete da kažete kad činovnik ima malu platu, mora da bude veran muž. E, to nije istina!
PERA: Pa ne kažem mora, ima ih dabome i sa malom platom, pa se opet nekako spomognu.
ŽIVKA: Kako se spomognu?
PERA: Bože moj, šta znam ja, ja nisam nikad bio takav, al' znam za druge... tako spomognu se.
ŽIVKA: Ama, kako se spomognu?
PERA: Pa tako eto... Izvinite me, nezgodno mi je da govorim takve stvari pred vama.
ŽIVKA: Ama govorite, de!
PERA *(snebivajući se)*: Pa tako... na primer, ako u kući ima mlada služavka, ili tako nešto... jer sa malom platom...
ŽIVKA *(udari se šakom po čelu)*: Pa razume se! Vidiš, nikad se na to ne bih setila! Pa razume se! E baš vam hvala, dali ste mi dobru ideju.

PERA: Ja sam srećan samo ako sam vam učinio uslugu, ma kakvu uslugu. Vi me, je l' te, nećete zaboraviti?

ŽIVKA: Ne brinite!

PERA: Vi ste upamtili moje ime: Pera pisar iz administrativnog odeljenja. *(Klanjajući se odlazi.)*

IX
ŽIVKA, ANKA

ŽIVKA *(zvoni)*.

ANKA *(dolazi)*: Molim.

ŽIVKA: Odite ovamo, malo bliže! *(Meri je znalački od glave do pete.)*

ANKA: Što me to gospođa tako posmatra?

ŽIVKA: Reći ću vam. Kažite vi meni, Anka, kako vi onako stojite prema muškima?

ANKA: Bože moj, otkud ja znam kako stojim!

ŽIVKA: Htela sam da vas pitam da li na vas onako lako natrče muški?

ANKA: Pa, kako da vam kažem, gospođo, muški su muški, oni natrčavaju uopšte lako.

ŽIVKA: Pa jeste. I zato baš nešto mislim: vi bi, Anka, mogli da mi učinite jednu veliku uslugu za koju bih vas ja bogato nagradila.

ANKA: Zašto ne, gospođo! A kakvu uslugu?

ŽIVKA: Pa to... da natrči moj zet na vas.

ANKA: Iju!...

ŽIVKA: Ama ostavite vi „iju", nego recite mi može li to da bude?

ANKA: Ali, zaboga, gospođo, otkud ja, nisam ja takva. Ju, kako vi ružno mišljenje imate o meni!

ŽIVKA: E, ako mi to svršite, onda, da znate, imaću lepo mišljenje o vama.
ANKA: Ju, kako bih ja to, vaš je zet ženjen čovek.
ŽIVKA: Pa ženjen, dabome, da nije ženjen ne bih vam ja to ni govorila.
ANKA: Ja ne znam, gospođo, da li vi to mene kušate?
ŽIVKA: Ama šta imam da vas kušam! Potrebno mi je to, pa eto ti. I da znate, Anka, ako mi to svršite, dobićete dve klase.
ANKA: Ju, kakve klase?
ŽIVKA: Ama nije, pomela sam se. Dobićete povišicu plate i nateraću mog muža da vam iz Klasne lutrije da hiljadu dinara na privredne ciljeve.
ANKA: Ala bi to lepo bilo!
ŽIVKA: A šta mislite, hoće li on da natrči?
ANKA: Pa ne znam, ali znate kako se kaže: svi su muški jednaki.
ŽIVKA: Pa dabome!
ANKA: Samo, molim vas lepo, kažite vi meni da znam šta vi zahtevate od mene, šta ja treba da radim, dokle smem ići?
ŽIVKA: Idite dokle hoćete, šta se to mene tiče. Za mene je glavno da vi namamite moga zeta u vašu sobu i da ga ja kod vas zatečem.
ANKA: Da ga zatečete? Ju, gospođo, al' ja tu mnogo reskiram.
ŽIVKA: Šta reskirate kog đavola?
ANKA: Kako da ne, zaboga. Izaći će posle da sam ja kriva i sve će se na mene sručiti.
ŽIVKA: To ne brinite vi, to je moja briga.
ANKA: A ništa više ne tražite, samo da dođe u moju sobu?
ŽIVKA: Ono, dobro bi bilo ako bi mogli da udesite da skine kaput, da ga zatečem bez kaputa.
ANKA: Samo kaput?
ŽIVKA: Pa nego šta još?
ANKA: Pa to je bar lako, naložiću peć.

ŽIVKA: Zar sad, aprila meseca?
ANKA: Pa baš zato! Dakle, ništa više ne tražite nego da dođe u moju sobu i da svuče kaput?
ŽIVKA: To je dovoljno za mene.
ANKA: Al' još jedanput da vas zamolim, gospođo, da ne ispadne posle kao da sam preotimala muža mladoj gospođi, pa na mene da se skrhaju kola.
ŽIVKA: Ama kazala sam vam, ne brinite.
ANKA: Ako se mlada gospođa naljuti na mene?
ŽIVKA: U ovoj kući jedino ja imam prava da se ljutim i niko drugi.
ANKA: Pa dobro, najzad, ako je vaša volja...
ŽIVKA: I nadate li se da ćete uspeti?
ANKA: Bože moj, ne bih vam to mogla unapred reći. Nadam se, jer, znate kako je, ljudi lakše popuštaju no ženske.
ŽIVKA: Samo, razume se, sve to morate tako učiniti da se ne primeti da je namerno. I još nešto: potrebno je što pre, što je moguće pre.
ANKA: Računajte na mene, gospođo, što god mogu, učiniću.
ŽIVKA: E. ajde, ajde, boga vam, pa mi javite.
ANKA: Hoću, gospođo! *(Odlazi.)*

X

ŽIVKA, VASA

ŽIVKA *(zadovoljno seda u fotelju)*.
UJKA VASA *(dolazi spolja)*: Dobar dan, Živka.
ŽIVKA: O, to si ti, Vaso, otkud ti?
VASA: Kako otkud ja? Pa ko će da ti dođe ako neću ja! Baš sad usput sretnem gospa-Vidu, prija-Draginu svekrvu, pa mi veli: „A što

ste se vi tako poneli, gospodine Vaso, zato valjda što ste ministarska familija!"
ŽIVKA: A šta imaš ti da se poneseš?
VASA: E, pa kako šta imam! Ujak sam ti, najbliži sam ti, pa dabome i mene zbog tebe čestvuju. Znaš li, Živka, sedimo tako u kafani, pa ustanem pa kažem: „Odoh ja malo do moje sestričine, ministarke, na jednu kafu!" A oni oko stola svi skidaju kapu. „Zbogom, gospodin-Vaso!" „Prijatno, gospodin-Vaso!" „Hoćemo li se videti sutra, gospodin-Vaso?" A meni, pravo da ti kažem, milo i onako prijatno mi kao da me neko golica po trbuhu.
ŽIVKA: Pa jest, može da bude prijatno!
VASA: Ama otkad ja čekam da neko iz naše familije onako... kako da kažem... da odskoči, brate, da se čuje, da se vidi i da se proslavi. Zar tolika familija pa niko, gde bi to bilo! Mislio sam da će pre odskočiti Jova pop-Arsin. Bio je bistro dete i imao je onako nečeg gospodskog na sebi. I sećam se baš, uvek sam govorio: „Ovaj će naš Jova daleko da dotera!" Ali on, eto, ode na robiju. Pa onda polagali smo velike nade i na Hristinu tetka-Dacinu. Bila je lepa i nekako rođena za veliku gospođu. I lepo je učila škole, ali — pomete se nekako. Deveti joj mesec pao baš u vreme kad je trebala da polaže maturu. I posle toga gotovo da dignem ruke, kad jednog dana, ti odskoči i uskoči u ministarke. Alal joj vera, Živki, rekô sam mojoj Kati. Kažem ja da neko iz naše familije mora da ode visoko.
ŽIVKA: Pa jeste, samo ne vidim šta ima od toga familija što sam ja ministarka?
VASA: Bože, Živka, kako to govoriš! Pa zar ti ne misliš malo da pogledaš i na svoju familiju?
ŽIVKA: Kako da pogledam?
VASA: Tako, da je zbrineš! Pa zašto si postala ministarka ako nećeš svoju familiju da zbrineš. Nije da kažeš da je to neka velika briga i da se ne može. Nikoga nemaš koji bi mogao biti državni

savetnik, ili vladika, ili tako nešto: nego sve tako nešto, sitne želje, sitni zahtevi, pa je pravo, Živka, da ih zbrineš!

ŽIVKA: Taman, gde ću ja toliko njih zbrinuti!

VASA: Nemoj tako, Živka; slušaj ti mene što ti kažem. Jer upamti ovo: niko te na svetu ne može tako ocrniti kao familija; niko te na svetu ne može nagrditi, naogovarati i olajati kao što može familija. Kažu: opasno je kad koga dočepaju novine; more, kakve novine, nisu one ni izdaleka tako opasne kao familija. Zato, znaš, bolje je dobro sa familijom. Pa naposletku i red je. Svaki ministar zbrine najpre svoju familiju, pa tek onda državu. Pa, naposletku, i preča mu je familija od države.

ŽIVKA: A zar ti misliš, boga ti, da ja celu našu familiju uzmem na vrat?

VASA *(vadi jednu cedulju)*: Pa i nema nas baš tako mnogo. Evo, ja sam napravio i spisak, pa nema nas više od devetnaest.

ŽIVKA: Kakvih devetnaest, pobogu, Vaso, pa to čitava vojska. Koga si, boga ti, sve upisao?

VASA *(čita)*: Tetka Savka.

ŽIVKA: E, već ta tetka Savka, pozajmila mi dvesta dinara pa mi se ovde popela. Vratiću joj tih dvesta dinara, pa eto, to je dosta za nju učinjeno.

VASA *(čita)*: Prija Soja.

ŽIVKA: Nju briši. Ona je rekla za mene da sam alapača.

VASA: Pa nemoj tako, Živka; to je rekla pre, dok nisi bila ministarka, a sad, evo ja te uveravam, ne bi tako nešto za živa boga kazala. A posle, i nemoj tako da meriš reči u familiji. Eto, i ti si za mene pre rekla da sam kafanski klupoder i lopuža, al' vidiš, ja to nisam primio k srcu. Nisam ti, istina, zbog toga dolazio u kuću, ali čim si postala ministarka, ja sam prvi dojurio da ti čestitam.

ŽIVKA: A koga si još zapisao?

VASA: Tetka Daca i njena ćerka Hristina.

ŽIVKA: Je l' ona što je položila maturu?
VASA: Jeste.
ŽIVKA: Pa šta ona hoće? Položila je ispit, pa neka joj je na zdravlje.
VASA *(čita)*: Jova Pop-Arsin.
ŽIVKA: To je onaj s robije?
VASA: Jeste. *(Čita):* Pera Kalenić.
ŽIVKA: Ko ti je to opet?
VASA: Ja ga ne poznajem, ali on kaže da nam je rod.
ŽIVKA *(ponavlja u sebi)*: Pera Kalenić? Pravo da ti kažem, nikad nisam čula da nam je neki Pera Kalenić rod.
VASA: Ni ja Živka, ali on veli: „Ujka-Vaso, mi smo rod."
ŽIVKA: Ama je l' to rod otkako sam ministarka, ili je i ranije bio?
VASA: Nikad ga ranije nisam ni čuo ni video.
ŽIVKA: Pa dobro, ujka-Vaso, šta ti hoćeš sad sa tim spiskom?
VASA: Pa da ih primiš, Živka.
ŽIVKA: Koga?
VASA: Pa familiju. Da ih primiš, da ti svaki kaže svoju želju i da vidimo šta može da se učini. Svi se žale kako su ti dolazili pa nećeš da ih primiš.
ŽIVKA: Ama zar ceo taj spisak da primim? Pa to mi treba deset dana samo na to, a imam toliko posla da nemam kad ni čestito da ručam.
VASA: A trebalo bi da ih primiš. Ako ne može drukče, a ja, ako hoćeš, da ih skupim, pa sve najedanput da ih primiš. Eto to ako hoćeš?
ŽIVKA: Pa to bi još i moglo. Samo, da se oni ne nađu uvređeni što ću tako u gomili da ih primim?
VASA: Ama, reći ću ja njima: zasad ne može drukče. A ti ćeš docnije, dok odujmi navala, da ih prizoveš koj' put.
ŽIVKA: Pa, eto, nek dođu sutra popodne.

VASA: Dobro, sutra! E baš ti hvala, Živka. Ne mogu na miru da prođem od njih. Znaš, ja sam ti kao najbliži, pa oni svi mene: Šta je, ujka-Vaso, zar se Živki ne može ni prići? Okupili me kao da sam ja ministarka. Odoh, evo iz ovih stopa, da ih sve obiđem i da im urečem sastanak. Dakle, tako neka bude, za sutra?
ŽIVKA: Jeste!...
VASA: To je najbolje. Iskupiću ih ja sve, celu familiju, pa ti učini sve što možeš, a ako ne možeš, a ti obećaj. Znaš kako je, i obećanje je koj' put dosta. E, ajde, pozdravi Daru i zeta. Do viđenja! *(Ode.)*

XI
ŽIVKA, NINKOVIĆ

ANKA *(pošto je Vasa otišao, unosi kartu).*
ŽIVKA *(čita)*: A, gospodin Ninković? Neka izvoli.
ANKA *(propušta Ninkovića, a ona se povlači).*
NINKOVIĆ *(ispeglan, izbrijan, napudrovan; na nogama bele kamašne, na rukama rukavice, u rupi od kaputa cvet)*: Ljubim ruke, milostiva! *(Ljubi joj ruku):* Bio sam slobodan, na vaš poziv...
ŽIVKA: Baš vam hvala! Izvolite sedite! Ja sam vas uznemirila...
NINKOVIĆ: Velika čast za mene!
ŽIVKA: Htela sam da vas zamolim za jednu uslugu.
NINKOVIĆ: Na mene možete, gospođo, sa pouzdanjem računati. Že svi tutafe a votr dispozision!
ŽIVKA: Kažu da vi znate sva pravila... kako da kažem...
NINKOVIĆ: Pravila otmenog društva; l bon ton di gran mond. O gospođo, otmenost, to je gotovo atmosfera bez koje ja nisam kadar da dišem; otmenost je moja priroda.

ŽIVKA: Pa, znate, ja sam obavezna da primam. Mislim, znate, da stupim u veze i sa ovdašnjim stranim poslanicima, pa bih želela da uvedem u moju kuću otmenost.

NINKOVIĆ: To je lepo od vas i, verujte, dobro ste učinili što ste se meni obratili.

ŽIVKA: Pa, kazali su mi.

NINKOVIĆ: Gospođa Draga, dok je bila ministarka, nije htela ni najobičniji korak da učini dok se sa mnom ne posavetuje. Ja sam joj pravio jelovnik za večere, meni de dine, po mojem je ukusu namestila svoj budoar, ja sam joj uređivao žureve, ja joj birao toalete. Ja imam, znate, jedan naročito prefinjen ukus. En gu parfe.

ŽIVKA: Gle'te, molim vas, a ja baš sad mislim da pravim jednu večernju haljinu.

NINKOVIĆ *(posmatra je znalački)*: Gris nale, belo grao, koje preliva u plavilo vedroga neba, krep de šin, sa nešto malo ružičastoga, možda samo opervaženi rukav i rever, ili možda džepovi u tonu... Ne znam, videćemo... Tek, potrebno je nešto radi nijansiranja...

ŽIVKA: Ići ćemo zajedno kod moje krojačice.

NINKOVIĆ: Vrlo rado.

ŽIVKA: A šta mi još preporučujete kao otmenost?

NINKOVIĆ: Oh, da... to je glavno — se la šoz prensipal.

ŽIVKA: Baš sam danas namestila zlatan zub.

NINKOVIĆ: To ste dobro učinili, to je šik i daje šarm osmehu.

ŽIVKA: Izvolite vi meni samo reći sve što je otmeno i šta bi trebalo još učiniti. Sve ću ja to učiniti.

NINKOVIĆ: Znate li koju igru na kartama?

ŽIVKA: Znam žandara.

NINKOVIĆ: Ah!... Vi morate naučiti bridž.

ŽIVKA: Šta da naučim?

NINKOVIĆ: Bridž. Bez bridža se ne da zamisliti otmena dama. Naročito vi imate nameru da prizivate i diplomatski kor, a diplomatski kor bez bridža, to nije diplomatski kor.

ŽIVKA *(ko bajagi uvređena)*: Pa, da!

NINKOVIĆ: Gospođa, razume se, puši?

ŽIVKA: Taman! Ne mogu čak ni dim da trpim.

NINKOVIĆ: I to, gospođo, morate naučiti, jer bez cigarete se ne da ni zamisliti otmena dama.

ŽIVKA: Juh, bojim se ugušiću se od kašlja.

NINKOVIĆ: Znate kako je: otmenosti radi čovek mora pogdešto i da podnese. Nobles obliž. I još nešto, gospođo, ako mi dozvolite samo da vas pitam?

ŽIVKA: Je l' to opet zbog otmenosti?

NINKOVIĆ: Da, gospođo. Samo, pitanje je... kako da kažem... vi mi, je l' te, nećete zameriti, pitanje je vrlo delikatno. In kestion tutafe diskret?

ŽIVKA: Molim!

NINKOVIĆ: Ima li gospođa ljubavnika?

ŽIVKA *(iznenađena i uvređena)*: Kako? Ju, pa za kakvu vi mene držite?

NINKOVIĆ: Ja sam vam unapred rekao da je pitanje vrlo delikatno, ali ako želite da budete otmena dama, in fam di mond, vi morate imati ljubavnika.

ŽIVKA: Ali ja sam poštena žena, gospodine!

NINKOVIĆ: Ekselan! Pa to je baš ono što je interesantno, jer kad nepoštena žena ima ljubavnika, to nije više interesantno.

ŽIVKA: No, samo mi još to treba!

NINKOVIĆ: Ja vas uveravam, gospođo, da samo tako možete biti otmena dama, dama od položaja, in fam di mond, ako igrate bridž, ako pušite, i ako imate ljubavnika...

ŽIVKA: Ju, teško meni! Ajde za taj bridž i za to pušenje kako-tako, ali za toga ljubavnika...
NINKOVIĆ: Pitali ste me, i ja sam smatrao za dužnost da budem iskren i da vam kažem. Razume se, vaša je stvar kako ćete postupiti. Možete vi biti ministarka i bez bridža i bez cigarete i bez ljubavnika, i uopšte bez otmenosti.
ŽIVKA: Pa dobro, a gospođa Draga, je l' ona igrala bridž?
NINKOVIĆ: Razume se! Naučila je!
ŽIVKA: I pušila je?
NINKOVIĆ: Razume se.
ŽIVKA: I... ono?
NINKOVIĆ: Da, gospođo, da, imala je i ljubavnika.
ŽIVKA *(zaboravljajući se, vrlo radoznalo)*: A ko je to bio?
NINKOVIĆ: Ja.
ŽIVKA: Vi? A je l' gospa Nata bila otmena?
NINKOVIĆ: Još kako!
ŽIVKA: A ko je bio njen?
NINKOVIĆ: Opet ja.
ŽIVKA: Pa, kako to.... vi to onako redom?
NINKOVIĆ: Čim kabinet da ostavku, i ja dam ostavku.
ŽIVKA: A vi ste samo dok je osoba na vladi?
NINKOVIĆ: Pa da, gospođo! Dok je gospođa ministarka na vladi, ona mora biti otmena; čim nije više na vladi, ne mora biti otmena.
ŽIVKA: Pravo da vam kažem, to mi nikako ne ide u glavu.
NINKOVIĆ: Međutim, ništa lakše od toga. Od svega što sam vam kazao, bridž je najteži. Jer, šta je pušenje — iskašljete se malo pa gotova stvar; a šta je ljubavnik — iskompromitujete se malo pa gotova stvar — ali bridž je, verujte, vrlo teška i komplikovana igra. En že komplike, me tre distance.
ŽIVKA: Ali ja bih, gospodine, želela da ostanem poštena žena.

NINKOVIĆ: Pa ostanite, ko vam to brani!
ŽIVKA: Kako to „pa ostanite", a ovamo bridž. Zar da igram bridž pa da ostanem poštena?
NINKOVIĆ: Zašto ne?
ŽIVKA Ama nije bridž. Nisam to htela da kažem, nego mi se, pravo da vam kažem, uzmutilo u glavi pa već ne znam šta govorim! Ne ide to meni u glavu što vi kažete, pa eto ti!
NINKOVIĆ: Vidite, gospođo, tu nije glavno imati ljubavnika radi sebe, već radi sveta. Potrebno je da se kompromitujete ako hoćete da budete otmena dama. Voala, sa se l prensip fondamental!
ŽIVKA: Ali, kako vi to mislite da se kompromitujem?
NINKOVIĆ: Potrebno je već na prvome, najskorijem žuru, bilo kod ove ili one dame, da postanete predmet razgovora. Da jedna dama, recimo, diskretno šapne onoj do sebe: „Ko bi to rekao za gospođu Živku?" — „Šta zaboga?" — da zapita druga dama. „Neverovatno" — da odgovori ona prva — „ali sam pouzdano čula... zamislite, gospođa Živka preotela je gospodina Ninkovića od gospođe Natalije!"
ŽIVKA: Pa jes', tako će da se šapuće.
NINKOVIĆ: Ali, vrlo je verovatno, gospođo, da će biti i takvih koji će vas braniti. „Oh, ja to ne verujem, to nije moguće, ja poznajem gospa-Živku, nije ona takva!" E, vidite, tima što vas brane valja zapušiti usta.
ŽIVKA: Kako? Zapušiti usta onima koji me brane?
NINKOVIĆ: Razume se! Njima treba zapušiti usta. Reći ćete: kako? Vrlo prosto i jednostavno. D'in manier bjen sempl! Vi morate uložiti sav svoj trud kod moga ministra da mi da klasu, da mi što pre da klasu. Istina, moj ministar će vam kazati: pa on je dobio klasu pre dva meseca, ali vi mu recite: to je bilo pod starom vladom, a potrebno je i pod ovom da dobije klasu. Reći ćete: zašto? Zato, gospođo, što bi to najbolje zapušilo usta onima koji bi pokušali da

vas brane, a kad njima jedanput zapušimo usta, o, onda će se šaputati na sve strane.

ŽIVKA: Pa je l' to samo da se šapuće i ništa više?

NINKOVIĆ: Se sa! To je sasvim dovoljno! Se sifizan!

ŽIVKA *(razmišlja)*: Ako je samo da se šapuće!... A je l' te, molim vas, to je onako samo za svet da budem nepoštena, a za sebe da budem poštena?

NINKOVIĆ: Zašto ne? Može i tako. Sa va osi.

ŽIVKA: Čudnovata ta otmenost! Biva da su žene za svet poštene a za sebe nepoštene, a ovo sasvim naopako! Pa dobro, je l' vi i moj ljubavnik da budete?

NINKOVIĆ: To je, gospođo, stvar vašeg ukusa, stvar vaših... kako da se izrazim, in kestion d vo santiman entim!... Samo, ako me pitate za savet, bolje vam je uzeti nekoga koji je već isprakticiran.

ŽIVKA: Ama kako isprakticiran?

NINKOVIĆ: Pa, recimo, ja znam već sve načine da vas vrlo brzo kompromitujem; pa onda, ja znam toliko stvar da razvijem i da joj dam jednu naročitu formu, in form spesial, da na kraju krajeva i vi sami počnete o sebi rđavo da mislite, i najzad — e sa se la šoz prensipal — čim kabinet da ostavku, ja umem da pojmim da mi je dužnost da i ja dam ostavku. Uostalom, možete se raspitati o meni, pa ćete, u to sam uveren, dobiti samo najpovoljnije informacije.

ŽIVKA: O, ljudi, šta me snađe! Da sam juče umrla, to ne bi' danas doživela.

NINKOVIĆ: Da, ali da ste juče umrli, vi ne bi danas bili gospođa ministarka.

ŽIVKA: I to je istina! *(Posle razmišljanja)*: Pa dobro, kako vi to mislite?

NINKOVIĆ: Bože moj, stvar je vrlo prosta. Se sempl kom tu! Što se tiče bridža, tu se morate vežbati; što se tiče pušenja, i tu se morate vežbati, a što se tiče ljubavnika, tu nemate šta da se vežbate.

ŽIVKA: Ama kako vi meni „nema šta da se vežbam". Meni to izgleda kao da vi nešto ružno mislite.

NINKOVIĆ: Najbolje bi videli, gospođo, kako ja mislim sve to da izvedem, ako odmah pređemo na stvar.

ŽIVKA *(prestrašeno)*: Na koju stvar?

NINKOVIĆ: Evo kako mislim: bridž, na primer, možemo sutra početi da učimo. Što se tiče pušenja, možete se sad već odmah poslužiti. *(Vadi tabakeru i nudi joj)*: A što se tiče ljubavnika, i tu...

ŽIVKA: I tu se mogu odmah poslužiti. Ama vi meni nešto mnogo uvijate, pa će na kraju krajeva da ispadne kao da sam ja nepoštena žena.

NINKOVIĆ: Pardon, mil foa pardon! Ja ne prelazim granicu saveta koje sam dužan dati vam, ako vi još uvek na njih polažete. Ako u tim savetima ima čega neugodnog za vas, ja sam uvek gotov da reteriram. Vi ste želeli da vas upoznam sa pravilima otmenosti...

ŽIVKA: Pa jeste... vidim i sama, niste vi krivi; samo znate kako je...

NINKOVIĆ *(dižući se)*: Mogu li smatrati, gospođo, da su dalji moji saveti izlišni?

ŽIVKA: Ama čekajte, de! Vidim ja da to mora da bude, nije da ne vidim, ali znate kako je... nije to lako baciti obraz pod noge.

NINKOVIĆ: Kako god vi želite.

ŽIVKA: Dobro. Ajde od sutra, recimo, da počnemo bridž da učimo. A za cigarete, eto, dajte mi. *(Uzme je i stavlja na sto.)*

NINKOVIĆ *(odmah nudi)*: Molim!

ŽIVKA: A za ono... je l' ne može to malko da počeka?

NINKOVIĆ: Ako nemate hrabrosti, najbolje je ne misliti na to.

ŽIVKA: O, brate!... Naposletku šta ću mu, kad mora da bude, neka bude! Eto, smatrajte da ste od danas uvedeni u dužnost.

NINKOVIĆ: Kakvu dužnost?

ŽIVKA: Pa... to.... — kao ljubavnik.

NINKOVIĆ: Molim. *(Ljubi joj nežno ruku):* Uveravam vas da ćete biti zadovoljni.
ŽIVKA: Pa sad već kako mu bog da. Kad je otmeno, nek je otmeno!
NINKOVIĆ: Još jedno pitanje. Želite li da vam pišem ljubavna pisma ili ne?
ŽIVKA: Kakva ljubavna pisma?
NINKOVIĆ: Pa tako. Ima gospođa kojima to čini naročito zadovoljstvo da svaki dan dobiju malo, ružičasto pisamce, puno ljupkih reči.
ŽIVKA: Eto ti sad! Nikad ja to u životu nisam dobila.
NINKOVIĆ: Se kom vu vule. Kako želite, ja stojim na raspoloženju.
ŽIVKA: Napišite mi baš jedno da vidim kako je to, pa ako mi se dopadne, ja ću vam naručiti još nekoliko.
NINKOVIĆ: Molim. Čim stignem u kancelariju. Za deset minuta imate ljubavno pismo. *(Hoće da pođe):* A sad, vašu ručicu, draga prijateljice! *(Poljubi joj ruku):* Ma šer ami! *(Polazi i sa vrata baca joj poljubac):* Pa-pa! Pa-pa!...

XII

ŽIVKA, ANKA

ŽIVKA *(ostaje zaprepašćena i glada glupo čas na vrata na koja je Ninković otišao, a čas u publiku, kao da bi htela reći: „Vidite li vi šta ovo mene snađe?")*.
ANKA *(dolazi spolja; ona je obukla drugu, lepšu haljinu)*: Gospođa je sama?
ŽIVKA: Pa jeste, sama...

ANKA: Vi, gospođo, izgledate tako nešto zbunjeni... preplašeni, šta li?

ŽIVKA: Jeste, preplašila sam se... Đavo će me znati šta mi je. Nije to laka stvar, Anka, biti ministarka! Nisam ni ja znala da je to tako teško. Idem da prilegnem, da se odmorim, jer mi se zavrtela glava. *(Polazeći):* A vi baš ništa?

ANKA: Evo vidite, obukla sam čak i drugu haljinu.

ŽIVKA *(okrene se na sobnim vratima)*: Pa-pa! Pa-pa!

XIII

ANKA, ČEDA

ANKA *(gleda za njom iznenađena; zatim prilazi ogledalu i, kvaseći prste na usnama, doteruje obrve i udešava frizuru).*

ČEDA *(dolazi spolja)*: E, a šta vi tu na ogledalu radite?

ANKA *(koketno)*: Pa doterujem se, gospodine!

ČEDA: E ako, ako!

ANKA: Pa, zaboga, mlada sam, treba valjda i ja da se kome dopadnem?

ČEDA: Razume se.

ANKA: Gospodin, na primer, nije nikad ni obratio pažnju na mene.

ČEDA: Ama šta ja imam da obratim pažnju na vas?

ANKA: Bože moj, pa muško ste!

ČEDA: Znam ja da sam muško, samo...

ANKA: A znate već kako se kaže: muški su svi jednaki.

ČEDA: Tako je, Anka, samo vi morate znati da sam ja čestit čovek.

ANKA: Pa meni su ti čestiti ljudi najviše i dosadili u životu.

ČEDA: To vam verujem. Al' ja, znate, nisam baš potpuno čestit.

ANKA *(vrlo koketno)*: To bi' i ja rekla. *(Podmeće mu se.)*

ČEDA: Hm! Hm! *(Pomiluje je):* Vi ste, Anka, danas nešto neobično raspoloženi prema meni.

ANKA: Sanjala sam vas, jaoj, da znate kako sam vas lepo sanjala.

ČEDA: Znate šta, Anka, vi ćete mi taj san docnije ispričati, sad sam momentalno u takvim prilikama da mi je java preča od snova. Nego, deder vi, dušo moja, vidite je li tu gdegod moja žena. Hteo bih da razgovaram s njom.

ANKA: Hoću, samo, je l' te, pristaćete da vam ispričam san?

ČEDA: Razume se!

ANKA *(polazeći):* Verujte, vrlo je interesantan san. *(Ode.)*

XIV

ČEDA, DARA

ČEDA *(gleda za njom):* Hm!

DARA *(dolazi):* Gde si, boga ti?

ČEDA: Ja? Kod advokata.

DARA: Šta ćeš kod advokata?

ČEDA: Išao sam da ga pitam: postoji li kakav zakon po kome se udate žene mogu udavati!

DARA: To nisi morao ni da pitaš.

ČEDA: Kako da nisam morao? Zar tebi ništa nije saopštila tvoja majka?

DARA: Jeste, pa šta?

ČEDA: I je l' ti kazala da treba da postaneš gospođa Nikaraguovica?

DARA: Zar ti, boga ti, uzimaš tu stvar tako ozbiljno?

ČEDA: Pa kako da je ne uzimam ozbiljno kad će taj Nikaragua doći sutra da te gleda.

DARA: Može on mene gledati koliko hoće, pitanje je hoću li ja njega gledati.

ČEDA: Pa dobro, šta si ti kazala majci kad ti je govorila o udaji?

DARA: Rekla sam joj da sam udata, da imam muža, i da ga ne mislim napuštati.

ČEDA: A šta ćeš da kažeš njemu?

DARA: Kome njemu?

ČEDA: Pa Nikaragui?

DARA: Reći ću mu to isto.

ČEDA: Sasvim! Ona to misli tako, ako je ministarka, pa da izdaje naredbe: da se moj zet razreši od dosadašnje dužnosti zeta i uputa na rad... Đavo bi je znao gde bi me na rad uputila. Ona misli to može tako: da smenjuje zetove i postavlja. E pa, brate, ne ide to tako!

DARA: Ja nikako još ne mogu da verujem da ona to ozbiljno misli.

ČEDA: Ama ozbiljno kad ti kažem. Provodadžija je već svršio sa mladoženjom, sve je uređeno! A znaš li, molim te, ko joj je provodadžija?

DARA: Ne znam!

ČEDA: Zubni lekar, onaj što joj je nameštao zlatan zub. I to tako ona ode kod zubnoga lekara, sedne u onu gvozdenu fotelju: „Molim lepo, ja sam došla da mi promenite zub i da mi promenite zeta!" Hvala lepo! I ako ona počne tako, može još doći zubnom lekaru i reći: Ja sam, znate, došla da mi plombirate zeta.

DARA: Bože, Čedo, šta govoriš koješta!

ČEDA: Ama može, brate, sve je ona kadra! Vidiš da je sasvim izgubila pamet otkako je ministarka.

DARA: Ne može ona ništa kad ja neću.

ČEDA: A ti si sigurna za sebe, je li?

DARA: Sve dotle dok se ne bih uverila da me varaš.

ČEDA: Ja? Otkud ti sad to?

DARA: Majka je kazala da će me uveriti.
ČEDA: Eto, eto, kažem ja da će ona mene još da plombira. Kažem ja tebi, a ti mi ne veruješ.

XV
MOMAK iz MINISTARSTVA, PREĐAŠNJI

MOMAK: Jedno pismo za gospođu Popovićku, ministarku.
ČEDA *(nemarno)*: Dajte ovamo.
MOMAK: Naređeno mi je da pismo predam gospođi u ruke.
DARA: Onda idem da pošaljem majku.
ČEDA: A ja ću se radije skloniti da se ne sretnemo više.
DARA *(ode levo)*.
ČEDA *(ode desno)*.

XVI
ŽIVKA, MOMAK

ŽIVKA *(posle vrlo kratke pauze)*: Za mene pismo?
MOMAK: Da, gospođo, od sekretara gospodina Ninkovića.
ŽIVKA *(prijatno iznenađena)*: Ah! *(Uzima malo ružičasto pismo i miriše ga te joj se zadovoljstvo izražava na licu)*: Hvala!
MOMAK *(pokloni se i odlazi)*.

XVII
ŽIVKA, zatim SVI UKUĆANI

ŽIVKA *(najpre se slatko i detinjasto smeje, otvori pismo, seda u fotelju da ga čita, ali se u tome trenutku seti i ode do stola te uzima onu cigaretu koju je ostavila kad ju je uzela od Ninkovića. Seda ponovo u fotelju, pripaljuje cigaretu i počne čitati pismo, držeći ovo u levoj a cigaretu u desnoj ruci. Posle prvoga dima koji je povukla zakašlje se strahovito, tako da sriče celu kuću. Iz raznih vrata i sa raznih strana dojure Dara, Čeda, Raka, Anka i svi se skupe oko nje da je povrate od kašlja. Dara je uhvati za desnu ruku, u kojoj je cigareta, a Čeda za levu, u kojoj je pismo. Anka je lupa po leđima, a Raka joj silom naliva čašu vode u usta. Čeda, držeći njenu levu ruku, u kojoj je pismo, prilazi i čita pismo ne vodeći računa o nevolji Živkinoj. Prilikom čitanja na njegovome se licu ocrtava pakost i zadovoljstvo).*

TREĆI ČIN

Ista soba kao i u prethodnom činu.

I

PERA, ANKA

PERA *(stoji kod vrata iz kojih je došao spolja, sa šeširom u ruci, očekujući Anku, koja je otišla u levu sobu da ga prijavi).*
ANKA *(dolazi posle izvesne pauze)*: Gospođa ministarka je jako zauzeta, ne može da vas primi.
PERA: Hvala lepo, ljubim ruke gospođi ministarki. Uostalom, nije ni potrebno da gubi svoje dragoceno vreme zbog mene. Budite samo dobri, pa recite gospođi ministarki da sam je hteo umoliti samo to da me ne zaboravi.
ANKA: Reći ću, gospodine.
PERA: Vi znate moje ime?
ANKA: Da: gospodin Pera, pisar.
PERA: Ne samo Pera pisar, već recite: Pera pisar iz administrativnog odeljenja.
ANKA: Reći ću tako.
PERA: Molim vas, tako recite. Zbogom! *(Odlazi.)*

II

ANKA, UJKA VASA

ANKA *(odlazi odmah na ogledalo).*
UJKA VASA: Dobar dan. Je li gospođa kod kuće?
ANKA: Jeste.
VASA: Uostalom, za mene je važnije da li je zet Čeda kod kuće. Imam s njim da svršim jedan posao, po naredbi gospođinoj.
ANKA: Gle, a i ja imam s njim da svršim jedan posao po naredbi gospođinoj.
VASA: Pa valjda nije i tebi i meni poverila jedno isto?
ANKA: Je l' treba da svuče kaput?
VASA: Ko?
ANKA: Gospodin zet.
VASA: Kakav kaput, brate?
ANKA: Onda je to druga stvar koju vi imate.
VASA: A je li on kod kuće?
ANKA: Jeste!
VASA: Zovni ga, molim te!
ANKA: Odmah! *(Ode.)*

III

VASA, ČEDA

VASA *(vidi na stolu kutiju sa cigaretama, vadi i trpa u svoju tabakeru).*
ČEDA: Dobar dan, ujače! Zvali ste me?
VASA: Da, imam s tobom važan razgovor.
ČEDA: Je l' to kao izaslanik gospođe ministarke?
VASA: Nije kao izaslanik, nego kao ujak. Zar joj nisam ujak?

ČEDA: Jeste!
VASA: E pa?
ČEDA: Šta je to, dakle, tako važno što, u ime vaše sestričine, imate da razgovarate sa mnom?
VASA: Tebi je poznato već šta namerava Živka sa Darom. Moraš i sam priznati, majka je, a ima to jedino žensko dete, pa mora misliti na to kako će da je zbrine.
ČEDA: Kako da je zbrine?
VASA: Pa tako, da je zbrine. Ti vidiš i sam, pametan si čovek. Dara nije više dete, prešla je, otkada, dvadesetu godinu, pa vreme je da se misli na njenu udaju.
ČEDA: Ama, kakva udaja, pobogu, čoveče! Pa zar nije ona već dve godine udata za mene?
VASA: Jeste, ne kažem da nije. Vidiš, ja sam takav karakter da nikad neću reći da nije ono što jeste. Samo...
ČEDA: Šta samo?
VASA: Mi tu udaju ne računamo.
ČEDA: Kako ne računate?
VASA: Pa tako, brate. Igramo, recimo, ja i ti tablaneta, je li? Odigramo jednu partiju, a ja ti kažem: Znaš šta, Čedo, ajd' ovu partiju da ne računamo, nego da počnemo ispočetka.
ČEDA (*pravi se ubeđen*): A, tako?!...
VASA: Pa tako, dabome!
ČEDA: I ova partija tablaneta što je igram ja već dve godine ne vredi ništa?
VASA: Uzmi sunđer, ukvasi ga i izbriši tablu, eto ti! Razumeš li me sad?
ČEDA: Razumem, kako da ne razumem!
VASA: Pa eto, to sam, vidiš, hteo s tobom da razgovaram. Ti si, brate, pametan i, onako, razborit čovek, pa ćemo se lako sporazumeti.

ČEDA: Ja se nadam.

VASA: Prvo i prvo, kaži ti meni, brate: šta će tebi žena? Kad zrelo razmisliš, videćeš i sam da ti to nije tako potrebna stvar. Razumem da kažeš: treba mi kuća — dobro; ili da kažeš: treba mi fijaker — dobro i to; ili recimo: treba mi zimski kaput. Sve to razumem, ali: treba mi žena, to, pravo da ti kažem, ne mogu da razumem.

ČEDA: Pa jest što kažete... U vašim godinama.

VASA: More, dok sam bio mlađi, još manje mi je trebala.

ČEDA: I to je istina.

VASA: Pa dabome da je istina, i zato, vidiš, pitam ja tebe kao pametnog čoveka: šta će tebi žena?

ČEDA: Sasvim, sasvim, nije mi potrebna.

VASA: Dabome da nije.

ČEDA: Pravo kažete. Jedino, pitam ja vas, ujka-Vaso, da vi meni objasnite: šta će Nikaragui žena?

VASA: Kakvom Nikaragui?

ČEDA: Pa onome što treba da uzme moju ženu. Vidite, ja se samo to pitam: šta će njemu žena?

VASA *(malo zbunjen)*: Njemu? Pa, kako da ti kažem: ima, znaš, ljudi koji uzimaju i ono što im ne treba. Ima takvih ljudi.

ČEDA: Ima!

VASA: Ali ti, dabome, ti nisi od tih ljudi. Ti si pametan čovek i, ako ćeš da me poslušaš, najbolje je, brate, da ostaviš ženu. Ne treba ti žena, je li — to i sam kažeš; e, pa kad ti ne treba, ti je ostavi. Eto vidiš, to sam imao u ime Živkino da te pitam: hoćeš li da ostaviš ili nećeš?

ČEDA: Dakle to je sve što ste imali, u ime gospa-Živkino, da me pitate?

VASA: To, i ništa više!

ČEDA: E, pa recite gospa-Živki da neću da je ostavim.

VASA *(iznenađen)*: Nećeš? E, jesi li čuo, tome se nisam nadao od tebe. Ja sam tebe, brate, smatrao za pametna čoveka. A, čekaj, nisam ti još ni kazao sve. Kazala mi je Živka još i ovo: ako lepim ostaviš ženu, ti ćeš, prijatelju, dobiti kao nagradu klasu. Zamisli, dobićeš klasu! I eto, vidiš, imaš da biraš šta više voliš: ženu ili klasu?

ČEDA: Ja bih najviše voleo ženu s klasom.

VASA: Rotkve tebi strugane, ti hoćeš lubendinju?

ČEDA: Čekajte, nisam vam sve ni kazao. Još više bih voleo ženu sa dve klase.

VASA: Uha! Pa ti, ako tako poteraš da licitiraš, možeš mi još reći da bi voleo dve žene sa četiri klase. Ne biva to, prijatelju! Što ne biva, ne biva! Nego, slušaj ti mene, pa lepo i zrelo razmisli. Vidiš: ženu možeš uvek da dobiješ, a klasu bogme ne, a svaki pametan čovek gleda da ščepa najpre ono do čega se teže dolazi. Zar ne? Pa onda, ti si, brate, i praktičan čovek, ti se nećeš zanositi teorijama. Jer, kad zrelo razmisliš: žena — to je teorija, a klasa — to je, brate, praksa. Je li tako?

ČEDA: Slušajte, ujka-Vaso, ja sam vas slušao od početka do kraja i čuo sam sve što ste imali da mi kažete... Ja vas, ujače, neobično cenim i poštujem, pa zato ću prema vama biti iskren i reći ću vam, razume se u poverenju, na što sam se odlučio. Ja sam se dakle rešio: onome zubnome lekaru, provodadžiji, da saspem zube u grlo; Nikaragui da odrežem uši, a vama, dragi ujače, da razbijem nos!

VASA: Čedo, sinko, ti me iznenađuješ, jer ne uviđam da moj nos ima ma kakve veze sa celim tim pitanjem.

ČEDA: A vi onda nemojte ga gurati u poslove koji vas se ne tiču.

VASA: Lepo, lepo, evo ja se, ubuduće, neću mešati. Samo onda nemoj da požališ ako ti se desi štogod što ne želiš.

ČEDA: A i na to ste pomišljali?

VASA: Nismo pomišljali, ali znaš kako je, najbliži sam Živki, pa koga će da zapita za savet ako neće mene. A ja joj, kao čovek koji ima iskustva za te stvari, kažem: „Znaš šta, Živka, premesti ti tu bitangu u Ivanjicu pa da vidiš kad vrisne."

ČEDA: To ste joj dakle vi savetovali?
VASA: E, pa ko bi drugi, ona se toga ne bi setila.
ČEDA: Pa dobro, ujače, onda kupite vi još danas flaster za nos, a ja ću da spremim kufere da putujem sa ženom u Ivanjicu.
VASA: Kad bi Dara bila luda pa da ide: otac joj ministar, a ona da ide u Ivanjicu.
ČEDA: Slušajte vi, gospodine. Idite zovite ovamo vašu sestričinu, gospođu ministarku, da prečistimo već jednom taj račun.
VASA: E, to ne može! Pre svega, naredila mi je Živka da ti saopštim da ona od ovoga trenutka tebe ne smatra za svoga zeta; s tobom ne želi više ni da razgovara kao sa zetom i, ako imaš što s njom, možeš doći samo kao stranac, podneti preko mlađih vizitkartu i moliti je da te primi — i samo zvanično da razgovaraš sa njom.
ČEDA: Tako je poručila? Nije li vam kazala treba li da metnem i cilinder?
VASA: I cilinder, dabome.
ČEDA: I rukavice, izvesno?
VASA: Razume se, i rukavice.
ČEDA: Vrlo dobro, onda recite joj idem da se obučem pa ću joj se javiti. *(Ode.)*

IV

VASA, ŽIVKA

VASA *(vrti glavom, nezadovoljan opasnošću koja njemu lično preti i gunđajući pipa se za nos. Zatim uzima sa stola cigaretu, stavlja je u muštiklu i pripaljuje).*
ŽIVKA *(na vratima)*: Vaso!
VASA: Odi, odi ovamo!
ŽIVKA: Ode li?

VASA: Ode!
ŽIVKA *(izlazi)*: Šta kaže, boga ti?
VASA: Šta kaže, ništa! E, jesi čula, Živka, baš sam mu pametno govorio, i veruj, da je drugi čovek, prelomio bi se, ali ono je, brate, arumski tvrdoglavo.
ŽIVKA: Dakle, neće lepim?
VASA: Ni da čuje! On čak preti nekim odrezivanjem ušiju, sasipanjem zuba u grlo i razbijanjem noseva. Meni čak preporučuje da još danas nabavim flaster, jer ova poslednja pretnja odnosi se na moj nos.
ŽIVKA: E, pa kad neće lepim, okrenućemo i mi deblji kraj.
VASA: I to sam mu kazao.
ŽIVKA: Tražiću još danas da ga premeste u Ivanjicu.
VASA: I to sam mu kazao.
ŽIVKA: Pa šta veli?
VASA: Veli: ići će on i u Ivanjicu, ali će povesti i ženu.
ŽIVKA: Rotkve mu strugane!
VASA: I to sam mu kazao.
ŽIVKA: Šta?
VASA: Pa to: rotkve njemu strugane.
ŽIVKA: Misli on da mu ja ne umem i tu doskočiti. Umesila sam ja njemu kolač, samo čekam da Anka naloži peć pa da mu ispeče kolač. Okrenuće Dara od njega glavu i nikad ga više neće pogledati. Videćeš već i čućeš, ako bog da, još danas. A jesi li mu kazao da ga više ne smatram za zeta?
VASA: I to, i rekao sam mu da samo zvanično može k tebi doći ako ima što.
ŽIVKA: Dobro si mu kazao.
VASA: Slušaj, Živka, ja sad treba da dovedem familiju.
ŽIVKA: Opet ti sa familijom!

VASA: Pa rekao sam im juče da se u ovaj sat svi skupe kod tetka-Savke, da ih zajedno dovedem. Nije red da ih prevarim.

ŽIVKA: Pa dobro, de, dovedi ih već jedanput, i tu brigu da skinem s vrata. Samo, molim te da mi se ne bave mnogo, jer znaš, danas ima novi zet da nam dođe na viđenje.

VASA: Ne brini ti, kazaću im ja već da budu kraći. *(Ode.)*

V

ŽIVKA, ANKA

ŽIVKA *(kad ostane sama, zvoni).*

ANKA *(dolazi)*: Molim!

ŽIVKA: Šta radite vi, zaboga, Anka? Vi mi mnogo nešto otežete, kao da je to bog te pita kakav težak posao domamiti muškog u sobu.

ANKA: Pa nije težak posao, ne kažem da je težak, ali, znate kako je, treba imati prilike, a puna kuća, pa nikako da uhvatim gospodina nasamo.

ŽIVKA: Slušajte, Anka, meni bi trebalo, ako je moguće, još danas da se to svrši.

ANKA: Pa dobro, gospođo, onda da počnem malo sasvim otvoreno. Ja sam, znate, počela onako izdaleka.

ŽIVKA: Ama kako izdaleka. Počnite vi to izbliza, te se stvari izbliza bolje svršavaju.

ANKA: Dobro, gospođo!

VI

ŽANDARM, RAKA, PREĐAŠNJI

ŽANDARM *(ulazi vodeći za ruku Raku koji mu se otima)*: Molim pokorno, gospođo ministarka, gospodin član je naredio da dovedem ovoga...
ŽIVKA: Nesrećniče, ti si opet nešto uradio!
ŽANDARM: Molim pokorno, gospođo ministarka, udario je pesnicom po nosu sina engleskog konzula i psovao mu oca, pa gospodin član...
ŽIVKA: Šta kažeš!... Ju, ju, ju, šlag će me strefiti. Anka, Anka, brzo čašu vode.
ANKA *(otrči)*.
ŽIVKA: Razbio mu nos, psovao mu oca... sinu engleskog konzula. Gospod te ubio da te ne ubije. Razbojniče, ti ćeš me ubiti, ti ćeš me živu sahraniti!
ANKA *(donosi joj čašu vode)*.
ŽIVKA *(pošto ispije vodu)*: Da doživim da mi policija dovodi razbojnika u kuću. Ju, ju, ju, ju... Anka, skloni mi ga ispred očiju.
ANKA *(priđe i uzima ga od žandarma)*.
ŽANDARM: Ja mogu ići?
ŽIVKA: Možeš, vojniče, i kaži gospodinu članu: ja ću već... reci mu, sve ću mu kosti porazbijati.
ŽANDARM: Razumem! *(Salutira i odlazi.)*

VII

PREĐAŠNJI, bez ŽANDARMA

ŽIVKA *(Raki)*: Šta si uradio, crni sine, govori šta si uradio?
RAKA: Ništa!

ŽIVKA: Ama, kako ništa kad si razbio nos sinu engleskog konzula! I ajde što mu razbi nos, naposletku omakne se pesnica pa, desi se, ali što mu opsova oca?

RAKA: I on je meni!

ŽIVKA: Nije istina, ne ume on to, on je vaspitano dete.

RAKA: Opsovao mi je. Ja mu lepo kažem: „Skloni mi se s puta ili ću da te haknem", a on meni: „Olrajt!" a „olrajt", to znači na engleskom jeziku da mi psuje oca.

ŽIVKA: Nije istina.

RAKA: Jeste, ja sam to učio u lekciji.

ŽIVKA: Pa kad je on tebi kazao „olrajt", što nisi i ti njemu kazao „olrajt"?

RAKA: E, ne bi me razumeo. A posle, ne bih ja, nego ja njemu sasvim učtivo kažem: „Kuš, svinjo jedna!" A on meni opet: „Olrajt!" E, nisam onda mogao više da se uzdržim, nego ga haknem po nosu i opsujem i ja njemu oca.

ŽIVKA: Nesrećniče jedan, znaš li ti da je to engleski otac? To nije naš otac pa da ga opsuje ko stigne, nego je to engleski otac! Ju, ju, ju, gospode bože, šta ću s njim! Vodi mi ga, Anka, ispred očiju, jer ću ga raščupati kao pile. Skloni mi ga ispred očiju!

ANKA *(odvodi Raku)*.

VIII

ŽIVKA, sama

ŽIVKA *(na telefonu)*: Alo... centrala? Molim Ministarstvo spoljnih poslova... Je li to Ministarstvo spoljnih poslova? Da!... Molim vas da se pozove na telefon g. Ninković, sekretar... Da!... Recite, zove ga gospođa Živka, ministarka. *(Pauza)*: To ste vi, gospodine Ninkoviću? *(Pauza)*: Tako! Dakle, potpisano je... E, pa čestitam vam unapređenje. Vidite, dakle, da sam održala reč. Ali moram vam reći da nije išlo baš tako glatko. Bunio se vaš ministar, kaže: dobili ste klasu pre tri meseca. Ali sam ja navalila i nisam mu nikako dala mira, pa sam čak naterala i svoga muža te ga je on okupio. Da, da, i on ga je okupio. *(Pauza)*: Nego, znate šta, drugo sam nešto htela da vas zamolim. Ovaj moj nesrećnik, onaj mali gimnazista Raka, bio danas na igralištu, sa decom engleskog konzula. Ja sam ga naročito poslala, jer znate, on sad pripada tome društvu... Da! Pa zamislite, razbio nos sinu engleskog konzula i opsovao mu oca. *(Pauza)*: Pa da, uviđam i ja sama da je to vrlo nezgodno, ali šta ću, ne mogu iz ove kože. Ta kako kazniti, neću ga kazniti, nego ću ga isprebijati, ali je meni glavno da se nekako zataška stvar kod engleskog konzula, da se on ne ljuti. Pa to sam htela da vas umolim, da odete vi do njega, u ime moje, i da mu kažete: neka ne uzme stvar ozbiljno, deca k'o deca! *(Pauza)*: E, pa šta drugo mogu da mu kažem. Ja mislim, on je pametan čovek, neće valjda dozvoliti da se dve države zavade zbog jednoga nosa; a što mu je psovao oca, recite da to u našem jeziku ne znači ništa ružno, to je kao kad bi se engleski kazalo „dobar dan". I uopšte, recite mu da je to naš narodni običaj da psujemo oca jedno drugom. Pa dabome! Ajde, molim vas, pa otidite odmah, a dođite zatim da mi javite šta ste uradili. Kako?... A... pa-pa? — Pa dobro, nek vam bude i pa-pa, samo molim vas, svršite mi to. Do viđenja! *(Ostavlja slušalicu.)*

IX

ANKA, ŽIVKA

ANKA *(dolazi hitno)*: Gospođo, onaj hoće opet da ide.
ŽIVKA: Ama ko?
ANKA: Raka.

ŽIVKA: Ama kako da ide, noge ću mu prebiti. Čekaj da ga ja naučim pameti. On misli da ću mu se samo na grdnji proći. Čekaj samo!... *(Odjuri.)*

X

ANKA, ČEDA

ČEDA *(na vratima svoje sobe)*: Anka, jeste li sami?
ANKA *(koketno)*: Jesam!
ČEDA *(izlazi.* On je obukao crno svečano odelo, na rukama mu rukavice i na glavi cilinder*)*.
ANKA: Iju, a što ste se vi tako lepo obukli?
ČEDA: Zbog vas, Anka. To je moje svadbeno odelo.
ANKA: E, to mi je milo. I tako obučeni doći ćete i tamo u moju sobu?
ČEDA: Pa zato sam se i obukao.
ANKA: Je li istina?
ČEDA: Doći ću kad vam kažem.
ANKA: Još danas?
ČEDA: Pa da, još danas.
ANKA: Još sad, može biti?
ČEDA: Pa dobro, još sad, ali vas molim prethodno da me prijavite gospođi ministarki.
ANKA *(iznenađena)*: Da vas prijavim gospođi?!
ČEDA: Da, i dajte joj moju vizitkartu. *(Vadi i daje joj)*: Ja ću čekati u predsoblju.
ANKA *(zbunjena)*: Ali... kako... vi čekate... i da vas prijavim... ja sve to ne razumem.
ČEDA: I nastanite svakojako da me gospođa primi. Recite, imam zvaničan razgovor.

ANKA: Lepo! A posle?
ČEDA: A posle, sporazumećemo se.
ANKA: Idem odmah! *(Odlazi u sobu.)*
ČEDA *(pogleda za njom, pa izlazi na zadnja vrata)*.

XI
ŽIVKA, ANKA

ŽIVKA *(dolazeći iz sobe držeći vizitkartu u ruci, za njom Anka)*: A on vam ovo dao?
ANKA: Da, gospodin zet. On čeka u predsoblju.
ŽIVKA: Recite gospodinu zetu neka mi se vuče ispred očiju, neću da ga primim.
ANKA: Ali gospodin kaže da ima zvaničan razgovor.
ŽIVKA: Nisam danas zvanično raspoložena, pa eto ti! Ne mogu da ga primim.
ANKA: Ali, gospođo, ako ga ne primite, pokvarićete sve.
ŽIVKA: Šta ću pokvariti?
ANKA: Gospodin mi je kazao da će posle razgovora sa vama doći k meni u sobu.
ŽIVKA: Rekô je?
ANKA Da.
ŽIVKA: Dobro, reci mu neka uđe, primiću ga!
ANKA *(izlazi napolje i propušta Čedu)*.

XII
ČEDA, ŽIVKA

ČEDA *(ulazi vrlo ozbiljno, klanja se još s vrata)*: Imam li čast sa gospođom ministarkom?

ŽIVKA *(prezirući ga i ne okrećući glavu)*: Da. Izvolite sesti!

ČEDA: Blagodarim. Ja vas molim da me izvinite što sam uzeo slobodu uznemiriti vas...

ŽIVKA: Šta ste radi, gospodine?

ČEDA: Ja dolazim, gospođo, po jednom vrlo delikatnom poslu, pa bih vas molio da me pažljivo saslušate.

ŽIVKA: Molim, izvolite govoriti!

ČEDA: Vidite, gospođo, život je neobično komplicirana pojava. Priroda je sazdala bića ali nije utvrdila zakone o međusobnim odnosima tih bića, već je dozvolila da se ovi samosvojno, pod ovakvim ili onakvim prilikama ili okolnostima, stvaraju i razvijaju; te stoga nisu to više puki slučajevi već normalne pojave, sukobi odnosa, koji se tako često javljaju u ovome ili onome obliku.

ŽIVKA: Mislite li vi, gospodine, da držite predavanje, ili imate što da mi kažete?

ČEDA: Izvinite, gospođo, ali je ovaj uvod bio neophodan pre no što pređem na samu stvar.

ŽIVKA: Dakle, molim vas, pređite odmah na samu stvar.

ČEDA: Stvar je u ovome, gospođo: Ja imam jednoga prijatelja, mladog čoveka i čoveka od budućnosti. On je rad da se ženi i meni je poverio, moleći me da mu budem provodadžija. On je uveren da ću ja njegovu stvar iskreno zastupati i zato mi je poverio.

ŽIVKA: Ali šta se mene tiče vaš prijatelj i vaš provodadžiluk!

ČEDA: Odmah ću vam to objasniti. On je dugo i dugo razmišljao o ženidbi i nije mogao lako da se odluči. Uvek mi je govorio: „Ako se već rešim da se ženim, uzeću samo zrelu žensku."

ŽIVKA: Pa dobro, nek uzme ako hoće i zrelu žensku, ali što vi meni sve to kazujete?

ČEDA: Gospođo, on je ludo zaljubljen u vas.

ŽIVKA: Šta kažete?...

ČEDA: On veruje da ste vi zreli...

ŽIVKA *(skoči)*: Čedo!

ČEDA: On me je danas sa suzama u očima preklinjao: „Gospodine Čedo, vi ste u toj kući poznati, idite i zaprosite gospa-Živkinu ruku za mene!"

ŽIVKA *(jedva uzdržavajući se od uzbuđenja)*: Čedo, umukni, Čedo!

ČEDA: Ja sam mu lepo rekao: „Ali gospođa je udata!" a on veli: „Ne smeta ništa, danas se mogu i udate žene udavati!" Govorio sam mu zatim: „Ali to je poštena žena!"

ŽIVKA *(drekne)*: Pa i jesam!

ČEDA: I ja sam mu to kazao, ali on kaže: „Da je poštena, ne bi ona primala ljubavna pisma od mene!"

ŽIVKA *(njen gnev prelazi u bes)*: Kuš! Ubio te bog da te ubije, pseto lajavo! Da nisi više pisnuo, ili ću te stolicom po glavi!

ČEDA: A ja njemu kažem: „Znam, gospodine Ninkoviću, da ste joj pisali ljubavno pismo, čitao sam ga!"

ŽIVKA: Koj' ga je čitao?

ČEDA: Pa ja!...

ŽIVKA *(plane)*: Napolje!

ČEDA *(ustaje)*: Dakle, šta da kažem mladoženji?

ŽIVKA: Neka ide do đavola i on i ti!

ČEDA: On bi želeo doći na viđenje.

ŽIVKA: Vala, jesi li čuo, Čedo, ne bila ko sam ako ti ne odeš na viđenje u Ivanjicu.

ČEDA: Vrlo rado, zašto ne! Samo pre toga idem gospodinu ministru Simi Popoviću da ga zamolim da ostavi ženu pošto joj se ukazala prilika za udaju.

ŽIVKA: Makni mi se s očiju ako hoćeš da ti se ne ukaže lepa prilika!

ČEDA: Ja vas molim, umirite se, gospođo! Život je, vidite, veoma komplikovana pojava. Priroda je sazdala bića, ali nije utvrdila i zakone međusobnih odnosa tih bića...

ŽIVKA *(u krajnjem besu dohvati sa stola knjige, kutije, buket, zvonce, jastuk sa stolice i sve što joj dođe do ruku, i gađa ga vrišteći)*: Napolje, vucibatino, napolje!

ČEDA *(pokloni se zvanično na vratima i ode)*.

ŽIVKA *(padne umorna i uzbuđena u naslonjaču pa kad se malo povrati, skoči i ode levim vratima)*: Daro, Daro, Daro!

XIII

DARA, ŽIVKA

DARA *(dotrči)*: Šta je, zaboga?
ŽIVKA: Daro, dete, evo ti se zaklinjem, ubiću ga!
DARA: Koga, zaboga?
ŽIVKA: Onoga tvoga!
DARA: Ali zašto?
ŽIVKA: Zamisli, usudio se da tera sprdnju sa mnom. Ubiću ga, pa neka idem na robiju i neka se piše i pripoveda: otišla je na robiju što je ubila zeta.
DARA: Pa šta je, zaboga, uradio?
ŽIVKA: Došao je da me prosi.
DARA: Kako da vas prosi?
ŽIVKA: Kao provodadžija.
DARA: Bože, majko, šta vam je, šta govorite?
ŽIVKA: To što ti kažem, došao je kao provodadžija, da me prosi.
DARA: Zar kod živog muža?
ŽIVKA: Zamisli!
DARA: Gde se može žena kod živog muža prositi?

ŽIVKA: Ti sad pa opet naviješ na ono. Drugo je ono za tebe.
DARA: A što, ko bajagi, drugo?
ŽIVKA: Zato... Zato što je drugo! Pa i da nije, biće drugo! E, neće taj više biti moj zet pa da mu je kruna na glavi. Živi bili pa videli.
DARA: Opet ti!
ŽIVKA: Opet, dabome, nego valjda da ga gledam i dalje u kući. Uostalom, još danas ćeš ti sama doći k meni i moliti me da te spasem te bitange. Ajde videćeš! Ne bila ja koja sam ako me još danas ti sama ne moliš!

XIV

VASA, ŽIVKA, RODBINA

VASA *(dolazi spolja)*: Živka, evo ih idu!
ŽIVKA: Ko?
VASA: Familija!
DARA: Ja ću da se sklonim! *(Ode.)*
VASA *(otvara zadnja vrata)*: Uđite! *(Ulazi jedna čitava galerija raznih komičnih tipova, obučenih starovremski. Starije žene, Savka i Daca, u fesovima i libadetima, Soja, sa nekim šeširićem iskićenim ptičijim peruškama. Tu su tetka Savka, tetka Daca, Jova pop-Arsin, teča Panta i sin mu Mile, teča Jakov, Sava Mišić i Pera Kalenić. Svi prilaze Živki i rukuju se, a ženske se ljube.)*
SAVKA *(ljubeći se sa Živkom)*: A ti mene, Živka, zaboravi.
DACA *(ljubeći se)*: Ju, slatka moja Živka, otkad te nisam vid'la. Dobro izgledaš: tu, tu, tu... *(Pljuje):* Da mi te ne ureknu!...
PANTA: E, Živka, da znaš, niko ti se nije tako obradovao sreći kao ja.
JAKOV: Ja sam, Živka, dolazio, ali bila si nekako zauzeta.

SOJA *(ljubeći se)*: Slatka moja Živkice, bogami sam uvek tebe najviše volela od cele familije.

ŽIVKA *(pošto se i svi ostali rukuju)*: Hvala vam što ste došli. Izvolite sedite! *(Stariji sednu, mlađi ostaju na nogama):* Oprostite, bogami, što vas ovako sve zajedno primam. Ja vidim i sama da nije red, ali ne možete prosto verovati koliko sam zauzeta. Nisam ni u snu sanjala da je to tako teško biti ministarka. Ali, zdravlja bože, doći ćete vi opet, doći ćete i drugi put.

VASA *(koji je ostao na nogama i nalazi se kraj Živke)*: Pa dabome, videćemo se još. Ovo je samo onako... a videćemo se.

ŽIVKA: Kako si ti tetka-Savka?

SAVKA *(uvređena)*: Pa dobro...

ŽIVKA: De, de, de... znam te što si ljuta, ali nemoj misliti da sam te zaboravila. A ti, tetka-Daco?

DACA: Ju, slatka moja, da mi oprostiš. Otkad ja govorim mojoj Hristini: Hajemo do Živke, red je da joj čestitamo, ko će ako nećemo mi, familija? A ona meni: „Nemoj, boga ti, mama, godinu dana nismo joj prag prešli, pa sad će reći potrčali smo što je ministarka!" Da ti nismo prešli prag, to je istina, to je znaš zbog onog što si olajavala Hristinu, ali, kažem ja njoj: „Pa neka, neka kaže svet da smo sad potrčali zato što je ministarka, pa ko će da potrči ako nećemo mi koji smo joj rod rođeni!"

ŽIVKA: A ti, teča-Panto, nisam te davno videla, kako, kako si ti?

PANTA: Pa kako da ti kažem, Živka, ne valja: sve nekako naopako. Nego, velim, sad ako mi malo svane, dok si ti na vlasti. Računam, znaš, zbrinućeš svoje i podržati.

VASA: Pa, dabome, ko će ako ona neće.

ŽIVKA: Ne viđam ni tebe, Sojo?

SOJA: Čudnovato, a baš za mene kažu da se mnogo viđam. Ne može čovek svetu ugoditi. Ako se zavučem u kuću — olajavaju me, ako izađem u svet — olajavaju me. Pa bar kad bi samo svet olajavao pa da ne mari čovek, ali familija, rođena familija.

VASA: E, pa ko će ako neće familija!

DACA *(pakosno i više za sebe)*: Niko nikog ne olajava ako nema zašto.

SOJA *(uzbudi se)*: Pa jest što kažeš, tetka-Daco, eto zar bi tvoju kuću olajavali da nisu imali zašto.

DACA: Olajavale su je takve kao što si ti!

SOJA: Kakva sam da sam, tek nisam položila maturu.

DACA *(plane i skoči)*: Položila si ti sve ispite na svetu, beštijo jedna!

SOJA *(skoči takođe i unese joj se u lice)*: Može biti, ali maturu nisam polagala.

DACA: Ju, ju, ju, pustite me!... *(Poleti da je ščepa za kose.)*

VASA *(stane između njih i razvađa ih)*: De, zar vas nije sramota. Ne možete zar ni pet minuta familijarno da razgovarate! *(Pritrče i ostali muški pa ih razvađaju.)*

DACA: Pa dabome, kad čovek ima u familiji i takve.

SOJA: Briši najpre ispred svoje kuće, pa onda laj za drugog.

VASA: Ama mir, kad vam kažem! Sramota, bolan, i vi se ko bajagi brojite da ste ministarska familija.

ŽIVKA *(Vasi)*: Eto, kažem ja tebi!

VASA: Pa jes'! Ovamo okupili me: „Ajde, ujka-Vaso, vodi nas kod Živke!" A zašto? Zato da obrukate i mene i sebe. Ajde svaka na svoje mesto, pa kad izađete na ulicu, a vi se čupajte sve dok vam traju dlake na glavi. *(Ove odlaze i sedaju)*: A ti, Živka, oprosti. Ovo je, znaš, onako, malo familijarno objašnjenje.

ŽIVKA: Nije mi baš prijatno, ali... *(Hoteći da pređe preko stvari)*: Kako si ti, teča-Jakove?

JAKOV: Pa, znaš kako je kad čovek živi na parče. Đavo će ga znati kakva mi je ta sudbina: na parče sam se školovao, na parče trgovao, na parče bio činovnik. Sve tako nekako — ništa mi ne ide od ruke. A opet, znaš, tešim se oduvek, kažem sebi: „Čekaj, Jakove, mora jednom doći i tvoj dan!" Pa tako eto čekam, a šta bih drugo.

ŽIVKA: A ti, Savo?

SAVA *(on je korpulentan i sa velikim trbuhom)*: Mene ne pitaj, ispi me sekiracija.

ŽIVKA: A zbog čega?

SAVKA: Zbog nepravde. Celoga života kolje me nepravda. Kazaću ti već.

ŽIVKA *(Peri Kaleniću)*: A... *(Zbuni se)*: Vi?... *(Vasi):* Je l' nam i gospodin štogod rod?...

VASA: On kaže da je rod.

KALENIĆ: Pa razume se da sam rod.

ŽIVKA: Ja se ne sećam.

VASA: Ni ja! Možda ti, Savka...

SVI *(odmeravaju Kalenića)*.

SAVKA: Ja ne znam da je gospodin iz naše familije.

DACA: Ni ja!

NEKOLIKO NJIH *(sležući ramenima)*: Ni ja.

KALENIĆ: Ja sam, znate, rod po ženskoj liniji.

SOJA: Pa eto, ja sam ženska linija, ali vas ne poznajem.

DACA *(kroz zube)*: Čudo!

VASA: Pa dobro, kako po ženskoj liniji, čiji si ti?

KALENIĆ: Moja je majka još pre dvanaest godina umrla i rekla mi je tada na samrti: „Sinko, ne ostavljam te samog na svetu; ako ti što u životu zatreba, javi se tetka-Živki ministarki, ona ti je rod!"

VASA: A kako ti se zvala pokojna majka?

KALENIĆ: Mara.

VASA: A otac?

KALENIĆ: Krsta.

VASA: E, da me ubiješ, ne pamtim nikakvu Maru i Krstu u familiji.

ŽIVKA: Ni ja.

KALENIĆ: Sva zabuna dolazi otud što se mi pre nismo zvali Kalenići nego Markovići.

VASA: Markovići? E sad još manje znam.

KALENIĆ: Uostalom, to sve ne menja stvar. Ja znam da ste vi meni rod, ja se toga ne odričem. Radije bih ovde poginuo no što bih se svoje familije odrekao.

VASA: Ama, de, nije stvar za ginjenje, nego...

ŽIVKA: Pa kad čovek kaže...

VASA: Pa jest, kad čovek kaže, šta mu možeš.

ŽIVKA: Pa kako ste?

KALENIĆ: Hvala, tetka, blagodarim na pitanju. Milo mi je što vas vidim tako svežu. Vi se, tetka, odista sjajno držite.

VASA: Nego znaš šta, Živka, ti si mnogo zauzeta, to mi svi znamo, pa zato ako hoćeš, pređi odmah na stvar. Deder, brate, propitaj ti svakoga redom šta bi želeo, te da vidiš šta bi se moglo za koga učiniti.

PANTA: Pa ako neće sad da nam se učini, ja ne znam kad će.

VASA: Neka lepo svaki kaže šta mu je na srcu, a ja ću da zapišem, pa će onda Živka da gleda, što može, može, a što ne može, ne može.

DACA: Kad se hoće, može se sve, samo je pitanje da li treba svakome učiniti, jer ima ih i takvih...

SOJA *(preseče joj reč)*: Ja samo jedno imam da te molim, Živka, da mi pomogneš da položim maturu.

DACA *(plane)*: Eto je, ona opet pruža jezik.

VASA: Ama, mir, kad vam kažem.

SAVA: Smirite se, jer ako meni mrkne, zapušiću vam obema usta!

KALENIĆ: Slušajte, strina-Daco, i vi, prija-Sojo. Kao što vidite, tetka Živka nas je lepo primila, kao što je i red da primi familiju. I mi ćemo sad da joj kažemo svoje želje i da je molimo da se zauzme za nas. Ja sam uveren da će se tetka Živka zauzeti. Vi svi znate kako ona ima dobro srce. Ali smo zato mi pozvani da poštujemo nju i njen dom, koji je u ovome slučaju ministarski dom. A mi, ako se budemo tako ponašali i međusobno vređali, iskazaćemo time jedno nepoštovanje prema ovom domu. Zato vas lepo molim, strina-Daco, i vas, prija-Sojo, uzdržavajte se!

DACA *(Savki koja sedi kraj nje)*: Ama otkud mu ja ovome ispadô strina?

SAVKA: Ne znam, ja ga i ne znam ko je.

DACA: A zar ga ja znam!

PANTA *(Jakovu koji sedi do njega)*: Tako ti boga, znaš li ti ko je ovo?

JAKOV: Nikad ga u životu nisam ni video ni čuo.

VASA: Dakle, da ostavimo sve drugo pa da pređemo na stvar, jer Živka nema mnogo vremena.

ŽIVKA: Bogami, nemam. Baš sad čekam neke važne vizite iz diplomatije.

VASA: Pa dabome. Nego deder! *(Izvadio je hartiju da beleži)*: Dede, tetka-Savka, šta bi ti imala da zamoliš Živku?

SAVKA *(još uvek uvređeno)*: Neka me pita Živka pa ću joj kazati.

ŽIVKA: E pa ti, tetka-Savka, sa tvojih dvesta dinara ovde mi se pope. Preskoči, Vaso, nju kad neće kao čovek i kao familija lepo da razgovara, nego sve nešto uz nos.

SAVKA: Ništa ja uz nos, ja hoću samo svoje.

ŽIVKA: E, pa dobićeš tvoje. Zapiši, Vaso, da joj se da. Eto ti!

VASA *(pošto je zapisao)*: A ti, Daco, imaš li ti štogod da zamoliš Živku?

DACA: Pa ja to, za Hristinu. Htela bi' da zamolim, Živka, da narediš da joj se prizna ispit i da se primi dete natrag u školu, jer ovako je ostalo na pola puta. Pogrešila jeste, priznajem — molim dotičnu personu da se ne iskašljuje — eto priznajem, ali pogreše danas i profesorke, pa neće zar njihove učenice. I nije pogrešila onako od besa i od pokvarenosti, kao što ima persona, nego opet zbog nauke. Molim dotičnu personu da se ne iskašljuje!

VASA: Sojo, ne iskašljuj se!

DACA: Zbog nauke, dabome. Ona i jedan njen drug zajedno su se spremali za maturu, pa zavukla se deca u sobu i po ceo dan učila, ubiše se učeći. Pa posle... njemu priznadoše zrelost, a ona ostade tako na pola puta. Pa to mislim, Živka, da narediš da se to zaboravi.

KALENIĆ *(on se sad već oslobodio i ulazi u porodična pitanja kao da je tu odvajkada)*: Je l' to davno bilo?

DACA: Pa, prošle godine.

KALENIĆ: Godinu dana. Uha, za godinu dana se i krupnije pogreške zaboravljaju, a kamoli takva jedna sitnica. Piši, ujka-Vaso: da se zaboravi!

ŽIVKA: A ti, Jovo? Ti odleža robiju, a?

JOVA: Odležah, tetka-Živka, i pošteno se tim odužih državi, pa sad mislim pravo je da se i država meni oduži.

ŽIVKA: Kako da ti se oduži?

JOVA: Pa tako, da dobijem državnu službu.

ŽIVKA: Pa služba te je i odvela na robiju.

JOVA: Svaki živ čovek zgreši, tetka-Živka, a ja sam pošteno odužio što sam pogrešio. I verujte, tetka, ne kajem se što sam bio na robiji; mnoge sam stvari naučio koje ne može čovek tako lako u životu da nauči. Kamo sreće kad bi država svakoga kandidata najpre poslala na robiju, pa tek posle mu dala državnu službu.

JAKOV: E gle, molim te!

JOVA: Jest, jest, čika-Jakove, jer ja sad znam bolje krivični zakon nego ma koji kasacioni sudija. Nikad profesori na univerzitetu ne mogu tako da ti protumače krivični zakon kao oni koji su po njemu osuđeni. Svaki od njih zna paragrafe napamet i zna šta se hoće s kojim paragrafom, i zna kako se može izigrati koji paragraf. Osuđen sam, veli, po 235, u vezi sa 117-a — ali su mi priznate olakšavne okolnosti iz 206-og. I tako svaki redom, sve paragrafe znam: e, pa, zašto država ne bi iskoristila to moje znanje?

KALENIĆ: Sasvim! Zapiši, ujka-Vaso, da se Jovi pop-Arsinom da služba kako bi se državi dala prilika da iskoristi njegovo znanje.

ŽIVKA: A šta bi ti, teča-Panto?

PANTA: Pravo da ti kažem, Živka, meni za mene nije. Provlačiću se kako sam se i dosad provlačio, ali mi je za ovo dete. *(Za njim stoji Mile, dorastao dečak):* Nekako bog mu nije dao dar za školu — isteran je iz svih škola, i to za svagda. A i na zanatu ne može da se skrasi i ni na jednom poslu. Pa sam hteo da te molim, ako može nekako da bude državni pitomac.

ŽIVKA: A šta da uči?

PANTA: Ama neka njega samo država primi da ga izdržava, a sve je jedno šta će učiti. Ako hoće za marvenog lekara, a može i za kapelnika u muzici, ili za profesora bogoslovije, ili za apotekara. Ama što god hoćeš, samo neka bude državni pitomac.

KALENIĆ: Pa kad je dete tako bistro, šteta bi bilo da ga država ispusti. Zapiši, ujka-Vaso: državni pitomac.

ŽIVKA: A ti, Sojo?

SOJA: Ja bih volela, Živka, kad bih mogla nasamo da ti kažem.

SVI *(bune se)*: A ne, kako smo mi! Javno, javno!

DACA *(izdvaja se glasom od ostalih)*: Kad smo mogli svi ovako javno, može valjda...

VASA *(preseče je pogledom)*.

SOJA: Naposletku, šta da krijem, ne ištem što mi ne priliči. Ti znaš i sama, Živka, da sam se ja razvenčala sa onim mojim nesrećnikom, i on se već i oženio, a ja ostala samohrana, i to samo zato što je sud doneo nepravednu presudu, pa njemu dao pravo da može stupiti u drugi brak, a meni nije dao to pravo. Pa dabome da sam morala izgubiti parnicu kad mene ovako mladu...

DACA *(iskašlja se).*

SOJA: ...dali popovima u ruke, pa me cela Konzistorija razroko gleda. A i sam advokat, koji me je branio, kod kuće meni jedno govori a na sudu drugo — pa onda dabome da sam morala izgubiti parnicu. Pa eto to sam htela, Živka, da te molim da se ta presuda ispravi: da dobijem pravo na udaju. Eto, sama vidiš, ja ne tražim bogzna šta, a što se pojedini iskašljavaju, baš mi je svejedno, jer što kažu: pas kašlje, vetar nosi.

KALENIĆ: Odista, to bi se moglo učiniti. Žena oseća potrebu da se uda, a smetaju joj neke formalnosti. Zapiši, ujka-Vaso, prija Soja da se uda bez formalnosti.

SOJA: Ništa više ja ne tražim.

ŽIVKA: A ti, teča-Jakove?

JAKOV: Pa, rekoh ti, Živka, ne ide mi što god počnem. Trebalo je dok sam bio mlađi da se školujem — pa nije išlo; bio sam i činovnik, pa — opet nije išlo; probao sam i da trgujem, pa i tu sve naopako. A uvek sam govorio sebi: „Čekaj, Jakove, mora doći tvoj dan!" Pa velim, eto, došao je! Mislim, znaš, da mi izradiš kakvu koncesiju, da posečem na primer kakvu državnu šumu — računam, znaš, kad mi sve drugo nije pošlo za rukom, koncesija još može da mi pođe za rukom.

KALENIĆ: To može odista da vam pođe za rukom, a državu to baš ništa ne košta. Nije država sadila šume, pa da joj je žao da se seku. Sasvim to može. Zapiši, ujka-Vaso: jedna državna šuma da se poseče, jer, naposletku, kakav bi to ministarski rođak bio ako ne bi imao prava bar jednu šumu da poseče.

ŽIVKA: A ti, Savo?

SAVA: Ja ću, Živka, ukratko da ti kažem. Molim te lepo, i kao rod rođeni, da mi izradiš državnu penziju.

ŽIVKA: Pa ti nisi nikad bio činovnik?
SAVA: Nisam!
ŽIVKA: I nisi nikad bio ni u kakvoj službi?
SAVA: Nisam!
ŽIVKA: Pa zašto onda da ti izradim penziju?
SAVA *(ubeđeno)*: Pa tako, kao građaninu. Toliki svet ima penziju od države, pa zašto onda ne bih imao ja?
VASA: Pa jest, Savo, ama ti što imaju penziju služili su državu.
SAVA: Pa ja da sam služio državu, ne bi' došao do Živke da tražim penziju, nego bi' je tražio od države. A zašto je ministarka ako ni toliko ne može da izradi svome?
KALENIĆ: Stvar je već malo komplikovanija. Zapiši ti ujka-Vaso, teča Sava — penzija, a tetka Živka i ja razmislićemo da li se ta stvar može nekako udesiti. *(Živki):* Dozvolite mi sad, tetka, da vam i ja kažem svoj slučaj. Mene su pre godinu dana isterali iz službe. Nestala su neka akta iz moje fioke i usled toga omelo se jedno izvršenje. Ne vidim šta sam ja tu kriv, jer, naposletku, akta su akta; izgubi se živ čovek, te neće akta? A, naposletku, nestajala su i ranije akta iz moje fioke pa nikom ništa, ali sad se navrzao nekakav inspektor na mene, te mal' me nije čak i pod sud stavio. Ali stvar je sad već bila i prošla i, kao što vidite, ja sam punu godinu dana strpljivo čekao da se zaboravi. Ja ne znam, možda se nije još zaboravilo, ali kad je sad već tetka Živka ministarka, može narediti da se zaboravi. I ja ništa drugo ne tražim nego da se popravi nepravda koja mi je učinjena, to jest da se ja vratim u službu. Samo, moram napomenuti da ja ne bih mogao pristati na obično vraćanje u službu, bez satisfakcije za učinjenu mi nepravdu. Morao bih se vratiti sa unapređenjem, kako bih i ja sa svoje strane zaboravio nepravdu koja mi je učinjena. Eto to je sve što ja tražim. Ujka-Vaso, zapiši, molim te: Pera Kalenić da se vrati u službu sa satisfakcijom. *(Zaviruje u Vasinu knjigu):* Jesi li zapisao „sa satisfakcijom"?

VASA: Jesam, de!

KALENIĆ: E sad dozvolite, tetka Živka, da vam u ime cele familije blagodarim što ste nam saslušali želje i da vas zamolim da se svojski zauzmete i da ih ispunite. Kao što vidite, naše su želje skromne, a vi ste u mogućnosti da ih ispunite, pa zašto ne bi učinili radost svojoj familiji, te da vas se svi sa blagodarnošću sećamo.

ŽIVKA: Dobro, dobro. Ono što mogu, učiniću. Zašto da ne učinim?

KALENIĆ: E, onda, dozvolite da vam kažem zbogom, jer smo vas i suviše zadržali. *(Ljubi joj ruke i svi se dižu.)*

ŽIVKA *(seti se)*: Čekaj da vam dam moje vizitkarte za uspomenu. *(Uzme sa stola kutiju i deli svakom redom)*: Evo, evo... pa to, onako, za uspomenu.

SOJA: Udenuću u ram od ogledala.

JAKOV: E hvala, baš ti hvala.

KALENIĆ: Molim vas, meni dajte dve.

SAVKA *(pošto su svi primili vizitkarte)*: E, zbogom, Živka.

ŽIVKA: Pa de, de, ne budi nakraj srca!

DACA *(ljubeći se)*: Pa gledaj boga ti, Živka!

PANTA: Bog ti a duša ti, svrši mi to!

SOJA *(ljubeći se)*: Učini mi, Živka, sevap je!

SAVA: Molim ti se, Živka, pa nemoj da zaboraviš!

JAKOV: Ti, pa bog! *(Sve te rečenice, kao i one pri dolasku pretrpavaju se i upadaju jedna u drugu.)*

KALENIĆ *(ljubeći joj ruke)*: Sad tek razumem moju pokojnu majku koja mi je pre dvadeset godina, na samrtnom času, rekla: „Sinko, ne ostavljam te samog u svetu; ako ti što u životu zatreba, javi se tetka-Živki ministarki, ona ti je rod!"

SOJA *(cela gomila je već pošla prema vratima i ona za njima)*: Ako ništa ne bude od moje molbe, a ja ću da polažem maturu.

DACA: Položila si je ti čim si prohodala!

SOJA: Pas laje, vetar nosi! *(One izlaze u svađi i čim cela gomila bude napolju te se vrata zaklope, čuje se vrisak i cika i larma onih koji razvađaju žene.)*
ŽIVKA *(Vasi koji je zaostao)*: Trči, Vaso, potukoše se!
VASA: Beštije jedne! *(Odjuri i sam.)*

XV

ŽIVKA, ANKA

ŽIVKA *(klonula od umora, pada u fotelju)*: Uh!
ANKA *(dojuri spolja)*: Gospođo, one se dve vaše rođake počupaše.
ŽIVKA: Neka se čupaju, pa šta me se tiče. Umorila sam se kao da sam ceo dan kopala. Idem da legnem malo, gledajte da me niko ne uznemirava. *(Ode.)*
ANKA *(odlazi na zadnja vrata i odškrine ih, pa gleda šta se zbiva napolju. Svađa se polako stišava i udaljuje).*

XVI

ČEDA, ANKA

ČEDA *(posle izvesne pauze otvori vrata i sretne se lice u lice sa Ankom; on je još uvek svečano obučen kako je otišao od kuće)*: Ah, kako prijatan susret! Jeste li vi mene čekali, Anka?
ANKA: Razume se.
ČEDA: Idite odmah u vašu sobu, evo mene za vama.
ANKA: Je li istina?
ČEDA: Idite samo i čekajte!
ANKA *(nudi obraz)*: Poljubi me u ime kapare!
ČEDA *(poljubi je)*: Sasvim. Divna kapara!
ANKA: Odoh i čekam! *(Ode.)*

XVII

ČEDA, RISTA

ČEDA *(pripali cigaru).*
RISTA *(posle izvesne pauze nailazi na vrata takođe obučen u svečano odelo; nosi buket)*: Klanjam se, dobar dan. Je li slobodno?
ČEDA: Molim, izvolite!
RISTA: Čast mi je predstaviti se: Rista Todorović, kožarski trgovac.
ČEDA *(iznenađen)*: Kako, molim vas?
RISTA: Rista Todorović, kožarski trgovac.
ČEDA: I počasni konzul Nikarague?
RISTA: Da, tačno!
ČEDA: Ama nije moguće! E, to mi je milo, osobito mi je milo da se upoznamo.
RISTA: A s kim imam čast?
ČEDA: Čekaj, molim te, dozvoli mi da ti kažem „ti", čekaj, molim te, da te vidim! *(Izmakne se i posmatra ga)*: E, ko bi to rekao? Dakle ti si to, Risto! E, to mi je odista milo!
RISTA: A s kim imam čast?
ČEDA: Ja, je li? Je l' za mene pitaš ko sam? Ja sam... kako da ti kažem... pa ja sam, brate, ujka Vasa, Živkin ujak.
RISTA: Dakle, vi ste ujka Vasa? E, to mi je milo. Ja sam, bogami, mislio da ste stariji.
ČEDA: Nisam.
RISTA: Čuo sam za vas i baš mi je milo da se upoznamo.
ČEDA *(gleda ga i meri sa svih strana)*: Dakle ti si to, obešenjače jedan, a?!... Gledaj ga, molim te, kakav trbuščić ima, lola nikaraguanska. *(Tapka ga po trbuhu)*: Ko bi to rekao! A ja sam te sasvim drukče zamišljao.
RISTA *(smeje se prijatno).*

ČEDA: A došao si, je li, obešenjače jedan, znam već zašto si došao.
RISTA *(snebivajući se)*: Pa da...
ČEDA: A dopada ti se naša Dara, a?
RISTA: Pa znate kako je.
ČEDA: Znam, de!
RISTA: I ona mi se dopada, a potrebno mi je i zbog moga položaja da stečem vezu sa višim krugovima.
ČEDA: Razume se! A veruj, što te više gledam, sve više verujem da ćeš se i ti njoj dopasti. Ja sam se, znaš, toga najviše bojao: da l' ćeš se ti njoj dopasti, a sad kad sam te video... lola jedna, mora da se ti uopšte dopadaš ženama.
RISTA *(polaskan)*: Kažu!
ČEDA: Ama, šta kažu, vidim ja! Dopašćeš se ti našoj Dari. A veliš, je li, ona se tebi dopada?
RISTA: Dopada mi se.
ČEDA: I ništa ti ne smeta što je ona tuđa žena?
RISTA: A što ima to da mi smeta? Kako, na primer, kad kupim kuću, ne smeta mi ništa što je ranije bila tuđa kad znam da je sada moja.
ČEDA: Sasvim. Onaj stari gazda se iseli, a ti se useliš.
RISTA: Pa jeste!
ČEDA: Ko bi rekao, molim te, da ti umeš tako filozofski da posmatraš život! E, a kad je već tako, onda ćemo celu stvar lako da izvedemo. Ništa nam više ne stoji na putu.
RISTA: Ništa.
ČEDA: Pa ipak, mislim se nešto, samo kako ćemo da se oprostimo one vucibatine?
RISTA: Koga?
ČEDA: Pa njenog muža, taj nam mnogo smeta.
RISTA: Kako, zar vam nije kazala gospa Živka? Pa njemu je već umešen kolač, čeka se samo da se ispeče.

ČEDA: E?
RISTA: Jeste. Gospođa Živka je udesila sa sobaricom da ga odmami u svoju sobu, pa kad on bude tamo, da ona sa gospa-Darom i svedocima upadne.
ČEDA: Gle, molim te! Ala je to lepo smišljeno! Ha, ha, ha, ala će se uhvatiti kao miš u mišolovku; taman on da lizne slaninu, a ono: hop! Ha, ha, ha!...
RISTA *(pridružuje se i slatko se smeje)*: Ha, ha, ha!
ČEDA: Pa onda?
RISTA: Onda... onda to... Gospođa Dara je rekla, ako se uveri da je vara, da će ga odmah napustiti.
ČEDA: E, to je divno, odista! Samo brinem se da nam nešto ne pokvari tako lepo smišljeni plan.
RISTA: A šta to?
ČEDA: Nisi trebao još sad da dođeš, dok mi ne svršimo taj posao sa njim.
RISTA: Pa gospa Živka mi je poručila da dođem.
ČEDA: Znaš, ne bih voleo da on naiđe pa da te zateče ovde.
RISTA *(malo kao uznemiren)*: Pa šta?
ČEDA: Kako, pa šta? On se zakleo da će te ubiti kao psa, i kupio je ovoliki revolver, kalibra kojim se volovi ubijaju.
RISTA *(preplašen)*: A što, brate, da me ubije?
ČEDA: Eh što, zakleo se, preda mnom se zakleo. Ali ti ne treba da se bojiš, ne smeš biti kukavica, razumeš li. Uostalom, ja sam lično video revolver, pokazivao mi ga je i uveravam te da u njemu nema više od šest metaka. Ne mogu te svih šest pogoditi, budi siguran da će te bar četiri promašiti.
RISTA: A ona dva!...
ČEDA: E pa, bože moj, dva metka valjda možeš progutati za ljubav toga da spaseš čast Nikarague.

RISTA: Ama što ja da gutam metkove zbog časti Nikarague? Slušajte, ujka-Vaso, kako bi bilo da ja idem, pa drugi put da dođem?
ČEDA: Ja mislim da bi to dobro bilo... *(Pogleda na prozor):* Ali dockan je, sasvim je dockan!
RISTA *(preplašen)*: Zašto, brate?
ČEDA: Evo ga, sad baš uđe u kuću.
RISTA *(preplašen)*: Ko?
ČEDA: Onaj s revolverom.
RISTA *(usplahiren)*: Pa sad? Ujka-Vaso, govori, šta sad?
ČEDA: Moram te prikriti dok ja njega uklonim.
RISTA *(ustumara se)*: Gde da se sakrijem?
ČEDA: Ne znam... Čekaj, sad mi pade na pamet. *(Zvoni.)*
RISTA: Gde?
ČEDA: Ćuti i ne pitaj, jer nemamo vremena za razgovor.

XVIII

ANKA, PREĐAŠNJI

ANKA: Molim!
ČEDA:Ančice, učinite mi jednu ljubav, pa ću vam se odužiti. Vi znate kako ću vam se odužiti.
ANKA: Molim!
ČEDA: Vodite brzo ovoga gospodina u vašu sobu i zaključajte vrata. Ne pitajte zašto, već žurite, opasnost je velika.
RISTA: Vrlo velika. Vodite me, nagradiću vas bogato!
ANKA *(Čedi)*: A posle?
ČEDA: Posle — no, pa znate već.
ANKA *(Risti)*: Hajde brže! *(Odvede Ristu.)*

XIX

ČEDA, RAKA

ČEDA *(udari u sladak smeh, zatim ode prozoru i dovikuje mašući rukom)*: Rako! Rako!...
RAKA *(dolazi spolja)*: Šta je? O, zete, što si se ti tako obukao?
ČEDA: Kazaću ti, ali da nikome ne kažeš. Evo, daću ti dinar da nikome ne kažeš. Idem kod Anke u sobu. *(Daje mu dinar):* Nikom, razumeš li? Ja znam da bi ti mama dala i dva dinara samo da joj to kažeš, ali ti budi karakter pa nemoj da joj kažeš. Je l' nećeš?
RAKA: Pa neću, dabome!
ČEDA: E, dobro? *(Ode.)*

XX

RAKA, ŽIVKA

RAKA *(na levim vratima)*: Mama, mama!...
ŽIVKA *(dolazi)*: Šta je?...
RAKA: Zet Čeda mi je dao dinar da budem čvrst karakter i da ti ne kažem gde je on sad. Ako mi daš dva dinara, ja ću biti još čvršći karakter pa ću ti kazati.
ŽIVKA: Govori, gde je?
RAKA: Dva dinara, pa da čuješ.
ŽIVKA *(daje mu)*: Evo ti, stoko božja, govori!
RAKA *(pošto je primio)*: Eno ga u sobi kod Anke.
ŽIVKA: Je li istina?
RAKA: Sad je otišao.
ŽIVKA *(ushićena)*: Ju, slatko moje dete! *(Ljubi ga):* Evo ti još dva dinara.
RAKA: Olrajt!

ŽIVKA: Idi mi brzo zovi Daru.
RAKA *(ode desno).*

XXI

ŽIVKA, sama

ŽIVKA *(na telefonu)*: Alo... molim 7224!... Je li to kvart? Dajte mi vezu sa članom kvarta... A, vi ste na telefonu? Ovde je gospođa Živka, ministarka. Molim vas hitno, ali vrlo hitno, odmah pošaljite mojoj kući jednoga pisara sa dva žandarma. Da, hitno... pa nije baš pravo razbojništvo, ali je ipak razbojništvo... Neka pisar ponese i hartije za saslušanje, neka povede i dva građanina kao svedoke. Molim vas, to neizostavno da se učini, nek povede dva građanina. Odmah, razume se, vrlo hitno! Da! *(Ostavlja slušalicu.)*

XXII

DARA, ŽIVKA

DARA *(dolazi iz desnih vrata, za njom Raka).*
ŽIVKA: Daro, kćeri, zvala sam te da te pripremim. Budi hrabra, dete moje, da podneseš udarac koji te očekuje.
DARA: Šta je sad opet, šta znači taj uvod?
ŽIVKA: Ja sam ti rekla da ćeš se i sama uveriti koliko te ona vucibatina vara. E, pa, evo, kćeri moja, došao je čas da se svojim rođenim očima uveriš. Tvoj rođeni muž nalazi se ovoga časa u sobi kod Anke naše, i to u rđavoj nameri.
DARA: To nije istina!
ŽIVKA: Kaži, Rako, gde je naš zet Čeda?
RAKA: Nek mi da dinar, pa da joj kažem.
ŽIVKA: Napolje, alo nesita! Zar ti je malo?

RAKA: Ništa ja više besplatno! *(Ode.)*
DARA: Hajdemo! *(Hoće da pođe u Ankinu sobu.)*
ŽIVKA: Čekaj de, udesila sam ja već stvar.
DARA: Šta si udesila?
ŽIVKA: Videćeš.

XXIII
PISAR, GRAĐANI, ŽANDARMI, PREĐAŠNJI

PISAR *(dolazi hitno sa dva žandarma i dva građanina)*: Po vašem zahtevu, gospođo ministarka, gospodin član me je hitno uputio. Doveo sam i dva građanina.
ŽIVKA: E, vrlo dobro! Ajde sad za mnom svi! *(Ona napred, za njom Dara, a za ovom svi ostali.)*
(Pauza.)
(Zadnja se vrata polako i pažljivo otvaraju i kroz njih proturi Čeda glavu. — On posmatra i osluškuje, i kad čuje larmu, brzo se povlači i zatvara vrata. — Sa leve strane gde su svi otišli cika ženskih glasova i larma. Malo zatim pisar uvodi Ristu, koji je bez kaputa, a za njim dolazi cela gomila, izuzimajući Anku.)
ŽIVKA *(klone od uzbuđenja u fotelju)*: Nikaragua, crni Nikaragua, šta ćeš ti tamo?
RISTA *(uzbuđen)*: Ne znam... tako... sudbina valjda.
ŽIVKA: Zar zavukao si se u kuvaričinu sobu, svukao kaput, zaključao vrata, pa to sudbina? A što svuče kaput, ubio te bog da te ubije?
RISTA: Pa, naložena peć.
DARA *(majci)*: Dakle to je taj počasni gospodin koga si mi namenila? E, baš ti hvala, majka.

PISAR *(Živki)*: Treba li, gospođo, da uzmem ovoga gospodina na saslušanje?

ŽIVKA: Ta kakvo saslušanje, saslušao se on na onome, a ne na ovome svetu, dabogda! Ako već treba ko da ga uzme na saslušanje, ja ću to. Govori, šta ćeš tamo?

RISTA: Poslao me ujka Vasa.

ŽIVKA: Ujka Vasa? Dakle on je sve to zamesio? E, Vaso, sad si zbrinuo celu familiju.

XXIV

ČEDA, PREĐAŠNJI

ČEDA *(dolazi spolja noseći Ristin kaput i pridržava mu da ga navuče)*: Obucite kaput, zaboga, dobićete inače kijavicu.

RISTA *(kad spazi Čedu, kao da mu je svanulo)*: Ujka-Vaso, pomažite. Vi ste me naterali da se sklonim kod sobarice.

ŽIVKA *(zabrinuta)*: Pa je li to ujka Vasa?

RISTA: Pa on, dabome!...

ŽIVKA: O, izvasio se on dabogda! Čedo... *(Pisaru)*: Molim, zapišite to što ću reći i stavite posle numeru. *(Digne tri prsta uvis)*: Čedo, zaklinjem ti se svim na svetu da ćeš još večeras biti potpisan za Ivanjicu!...

ČEDA: Još bolje, premestite me u Nikaragu-u.

ČETVRTI ČIN

Ista soba. — Po stolicama, levo, masa novina savijenih kao za prodaju; po stolicama prebačena muška i ženska odela, šeširi i sve drugo. Tu je ogroman otvoreni kufer u koji Dara pakuje sve ove stvari donoseći ih iz susedne sobe.

I

ANKA, DARA

ANKA *(dolazeći spolja, noseći svežanj novina)*: Evo, gospođo, nisam mogla više da kupim od dvadeset brojeva. *(Ostavlja na stolicu pored ostalih.)*

DARA *(pakujući)*: Šta se to mene tiče!

ANKA: Htela sam samo da vam kažem, jer gospođa mi je naredila koji god prodavac prođe, da kupim sve koliko god brojeva ima, ali svega je jedan prošao otkad stojim na kapiji. Ne znam da l' još da čekam na kapiji?...

DARA: Radite onako kako vam je gospođa kazala, nemojte me ništa pitati. *(Ode u sobu po stvari.)*

II

RAKA, ANKA

RAKA *(dolazi spolja, noseći desetak i nešto više brojeva)*: Evo, ja jedva našao dvanaest. *(Ostavlja na stolicu):* A ti, Anka?
ANKA: Ja, bogami, dvadeset.
RAKA: Pa dosta!
ANKA: Gospodin Pera iz administrativnog odeljenja je najvredniji, on je kupio do sada trista.
RAKA: E, a ujka Vasa?
ANKA: On je svega osamdeset. A je li, boga ti, Rako, znaš li ti zašto gospođa kupuje tako mnogo današnjih novina, i to sve ovaj isti list?
RAKA: Znam, dabome!
ANKA: Zašto?
RAKA: Izgrdili su je u novinama, pa hoće da ih kupi sve, da ne bi svet čitao.
ANKA: Ju, kako smeju jednu ministarku da izgrde?
RAKA: Izgrdili su je za ono.
ANKA: Koje ono?
RAKA: Zbog tebe.
ANKA: Zašto zbog mene?
RAKA: Hoćeš li da ti pročitam?
ANKA: Ajde, molim te!
RAKA *(uzme jedan broj, razvije ga i sedne u fotelju)*: Dodaj mi, boga ti, jednu od tih ministarskih cigareta.
ANKA: Jaoj, kako smeš da pušiš?
RAKA *(paleći)*: Ne pušim ja inače, ali znaš, novine se čitaju uvek sa cigaretom. *(Čita):* „U jednom delu Kine..." *(Prekine i govori)*: Pazi ti dobro da odnekud ne naiđe majka, proveli bi se lepo i ja i ti!
ANKA: Paziću, čitaj slobodno!

RAKA *(čita)*: „U jednom delu Kine održava se još i danas jedan čudan običaj. Tamo, ako se kome prosiocu dopadne udata žena, on je prosi bez obzira na to što ona ima živog muža. Takav se običaj desio ovih dana u kući mandarina Si-po-po." *(Govori):* Znaš onaj mandarin Si-po-po, to je moj otac, Sima Popović.

ANKA: Ju!...

RAKA *(čita dalje)*: „U njegovu ženu, jednu odvratnu babu"... *(Obzirući se, govori):* Ta odvratna baba, to je majka. — Pazi da ne naiđe, inače odosmo u mandarine i ja i ti!

ANKA: Ju, ju, ju, ju!... *(Obzire se.)*

RAKA *(čita dalje)*: „U njegovu ženu, jednu odvratnu babu, zaljubio se Ni-ni-ko."

ANKA: Ko je to?

RAKA: Ne znam, neki Kinez... dakle... *(Čita):* „...zaljubio se Ni-ni-ko, sekretar Ministarstva spoljnih poslova!..."

ANKA: A, sad znam ko je. Čitaj, molim te, dalje!

RAKA *(čita)*: „Ta se ljubav među njima izražavala na taj način što je ona njemu izradila klasu, a on njoj pisao ljubavna pisma."

ANKA: Kažem ja, znam ko je.

RAKA *(nastavlja čitanje)*: „Taj Ni-ni-ko inače je jedan napudrovani praznoglavić, koji se zaljubljuje u svaku mandarinku dok je na vlasti, te mu ove ćurke izrađuju preko svojih muževa klase. On je čak poslao i provodadžiju kući da prosi babu u isto vreme kad je jedan kineski smrdljivac, neki Ka-ra-gua, dolazio da prosi njenu udatu ćerku." *(Govori):* Znaš li ko je to Ka-ra-gua?

ANKA: Ko?

RAKA: Onaj što su ga našli u tvojoj sobi.

ANKA: Pa zašto Ka-ra-gua?

RAKA: Otkud ja znam!

ANKA: Siromah čovek, a baš ništa nije kriv.

RAKA: E, a što je skinuo kaput? Eto, u novinama piše da je skinuo kaput.

ANKA: Zar i to piše? Ju, bože! A, bogami, čovek je sasvim nevino skinuo kaput.

RAKA: Bogami, ja da sam bio u tvojoj sobi, pa da sam skinuo kaput...

ANKA: E, gle, molim te! Pa šta bi onda?

RAKA: Ja bih onda skinuo i pantalone.

ANKA: Ubriši prvo nos, sram te bilo!

RAKA: A znaš li kako tebe zovu u novinama?

ANKA: Zar i mene pominju?

RAKA: Pa dabome.

ANKA: A kako me zovu?

RAKA (traži i nađe): Sobarica A-ki-ka. *(Smeje se slatko):* A-ki-ka!...

ANKA: Ima li još? Čitaj!

RAKA *(čita):* „Ali, razume se, ni te prosidbe u Kini ne idu uvek tako glatko. Tako, na primer..."

III

DARA, PREĐAŠNJI

DARA *(donosi još odela iz sobe i zatiče ih)*: Pa zar vi tu sedite i čitate novine? Neka samo naiđe majka, pa ćete se lepo provesti.

RAKA: Samo onako, pregledali smo. Je li, Daro, znaš li ti da mi kažeš ko je to Ni-ni-ko?

DARA: Ne znam ja ništa, a tebi preporučujem da se čistiš, da te ne zatekne majka. A i vi, Anka, mogli bi gledati drugi posao a ne da čitate novine...

ANKA: Ja sam samo donela novine koje sam kupila.

RAKA: A i ja. Znaš, jedva sam kupio dvanaest brojeva. Onaj Kara-gu plaća po dvadeset para komad, pa sve njemu prodaju. I ovde sam dobio samo tako što sam jednom prodavcu podviknuo: „Moraš mi prodati, ja sam sin mandarinov!"
DARA: Ajde, ajde, nosi te đavo!
RAKA: Ama nije, hteo sam da kažem ministrov.
DARA: Bolje idi pa kupuj i dalje novine kad ti je majka tako naredila.
RAKA: Pravo kažeš! *(Anki):* Ajde, A-ki-ka! *(Ode.)*
ANKA: Ako želi gospođa da joj pomognem?
DARA: Nije mi potrebna pomoć.
ANKA: Molim. *(Ode.)*

IV

ČEDA, DARA

ČEDA *(dolazi spolja)*: Pa ti se to baš ozbiljno pakuješ?
DARA: A šta da radim?
ČEDA: Zamisli kako sve to ide ekspres! Sinoć potpisali ukaz o mome premeštanju u Ivanjicu, a već jutros sam razrešen od dužnosti.
DARA: A kad moraš na put?
ČEDA: Šta ja znam kako je tvoja majka naredila! Možda će mi se u toku današnjeg dana narediti da sutra krenem. Sve zavisi od naređenja koje je izdala tvoja majka.
DARA: Najzad, svejedno, neka je i sutra, ja ću biti gotova.
ČEDA: Pa zar si ti odista rešila da ideš sa mnom?
DARA: Rešila sam. Pravo da ti kažem, ne mogu više da podnesem ovo ministrovanje; ovo je postala luda kuća otkako je otac ministar.
ČEDA: Otkad ja to govorim.

DARA: A ne mogu da podnesem ni ovu sramotu. Posle ovoga što je izišlo u novinama, veruj, ja ne bih smela izaći iz kuće, niti bih smela da pogledam svetu u oči. Volim u Ivanjicu, samo da se sklonim svetu ispred očiju.
ČEDA: Još kad bi ti znala kolika je bruka. Ceo se Beograd trese od smeja.
DARA: Strašno!
ČEDA: Novine se kupuju na jagmu.
DARA *(pokazuje)*: Majka ih najviše kupuje.
ČEDA: Ona misli da umanji broj čitalaca kako bi se bruka što manje znala, a ne zna da je današnji broj umesto tri štampan u šest hiljada.
DARA: Ju, ju, ju!
ČEDA: Ne računajući što jedan broj čitaju četvorica.
DARA: A da li se baš zna da se sve to odnosi na našu kuću?
ČEDA: Razume se da se zna. Zna se po imenima, ali još više po tome što je gospa Živka jedina od današnjih ministarki koja ima udatu kćer. Odmah je ceo svet pogodio.
DARA: A zar nisi nikako mogao da saznaš ko je pisao?
ČEDA: Saznao sam.
DARA: Ko?
ČEDA: Reći ću ti ako mi daš časnu reč da nećeš reći majci.
DARA: Zar je to tajna?
ČEDA: Još kako velika tajna!
DARA: Reci mi, ko je pisao?
ČEDA: Ja!
DARA: Šta kažeš? *(Ispusti haljine koje je imala u ruci.)*
ČEDA: To što ti kažem!
DARA: Čedo, Čedo, šta si učinio?
ČEDA: Neka vidi da i ja umem da plombiram.
DARA: Kako si smeo, kako si mogao?

ČEDA: A kako je ona mogla mene da gurne u Ivanjicu!
DARA: I kako si imao srca, ona je moja majka.
ČEDA: A kako je ona imala srca svoju ćerku da premesti čak u Ivanjicu!
DARA: Osramotio si nas, osramotio si celu kuću!
ČEDA: Ja? Bože sačuvaj, osramotila je ona.
DARA: Bože moj, bože moj! Ja već ne umem da se snađem, ne umem više ni da mislim. *(Plače.)*
ČEDA: Pa zar ti ne uviđaš, boga ti, i sama, da je već krajnje vreme bilo da se toj ženi stane na put? Zar ne vidiš da je napravila ludnicu od kuće? Ostavi to što tebe udaje kraj živog muža, ali i ona se raspalila, i ona ima ljubavnika.
DARA: To nije istina!
ČEDA: Ama čitao sam svojim očima ljubavna pisma. Pa izradila mu je i klasu, i izađi molim te u čaršiju pa ćeš čuti, ceo svet joj se smeje.
DARA *(krši ruke)*: Bože moj!
ČEDA: Ako tebi podnosi da trpiš tu sramotu, meni ne podnosi. Sramota me je da izađem u svet; svi se gurkaju, svi šapuću i podmiguju se...
DARA: Pa zar nije bilo bolje kazati joj sve to i razgovarati sa njom ozbiljno?
ČEDA: Razgovarati sa njom ozbiljno? Pa zar nisi ti razgovarala, pa šta ti je odgovorila — priredila ti je onu scenu sa Nikaraguom.
DARA: Tu si scenu ti priredio.
ČEDA: Pa da, ja — ali da spasem i tebe i sebe. Da nisam to učinio, po planu tvoje majke ja bih bio bez kaputa u Ankinoj sobi, a ti bi bila u sobi sa Nikaraguom. Dakle, šta je bilo bolje?
DARA: Pa...
ČEDA: Molim, reci samo, šta je bilo bolje?

DARA: Dobro, neka je i tako, ali zašto je moralo sve to da se objavi u novinama?
ČEDA: Zato da se trgne, da se opameti za vremena.
DARA: A misliš ti da će to što pomoći da sve bude drukče?
ČEDA: Ja se nadam, jer kako je ova bruka od jutros buknula po Beogradu, nije nemoguće da čak i očev položaj bude doveden u pitanje.
DARA: Njegov položaj?
ČEDA: O, da! O tome se mnogo govori napolju. Ima ih koji misle da je posle ovoga on prosto onemogućen...
DARA: Siromah otac!
ČEDA: I meni ga je žao, ali za sve ima da blagodari svojoj ženi.
DARA: Pa kako, zar ti odista misliš da bi otac?...
ČEDA: Ne mislim, ali je vrlo moguće. Kompromitovan je, a to može povući neprijatne konsekvence.
DARA: To bi bilo užasno!
ČEDA: Ako hoćeš iskreno da ti kažem, ja mislim naprotiv, to bi bilo dobro, jer što dalje, ona bi u sve veće gluposti padala. Zar ne vidiš, boga ti, šta je sve ta žena počinila; zar ne vidiš da je oca, onoga čestitoga čoveka, načinila smešnim i onemogućila ga za politiku i za javni život! Zar ne vidiš ti to sve?
DARA: Vidim.
ČEDA: E, pa!
DARA: Po meni, uveravam te, milije bi mi bilo da otac i nije postao ministar.
ČEDA: More, nije zlo u tome što je otac postao ministar, već je zlo u tome što je majka postala ministarka. Zato, slušaj ti mene i drži se ti samo mene. Videćeš na kraju krajeva da je bolje što sam ovako uradio i kazaćeš mi hvala. Budi samo ti uvek uz mene, onda sam hrabriji.

V

ŽIVKA, ČEDA, DARA

ŽIVKA *(dolazi spolja, besna)*: Daro, imam s tobom ozbiljan razgovor. Molim strane persone da se udalje iz sobe.

ČEDA: Molim! *(Odlazi levo.)*

DARA *(odlazi za njim).*

ŽIVKA *(gleda zaprepašćeno za njom, pa onda besno baca suncobran i šešir sa sebe).*

VI

ŽIVKA, PERA

PERA *(donosi veliki štos novina)*: Dobar dan, gospođo ministarka. Evo, ja sam kupio još šest brojeva — dosad trista šest.

ŽIVKA: Hvala vam, vi ste najviše kupili, ali, kažu, ipak se mnogo prodaje. Je l' te, čita li svet; jeste li primetili, čita li svet?

PERA: Pa... kako da vam kažem, gospođo... čita. Sad sam baš prošao kraj hotela „Pariz", pa skupili se oko stola, a jedan glasno čita.

ŽIVKA: Pa dabome, kad u ovoj zemlji nema zakona. Bila sam kod upravnika varoši da zabrani list, pa kaže: Ne može po zakonu o štampi. Ama kako to, molim vas, zar može biti zakona po kome policija nema vlasti?

PERA: To je valjda zato što ovde ne piše o vama, nego kao da se sve to dešava u Kini.

ŽIVKA: Iskinio se on dabogda nikakav!

PERA: Pa stoga valjda policija i nalazi da nema uvrede časti.

ŽIVKA: Ama kako da nema uvrede časti. Zar kaže za mene da sam odvratna baba, pa nema uvrede časti?

PERA: Pa jeste, s te strane ima.

ŽIVKA: E, pa s koje strane onda nema?
PERA: Pa mislim da se inače ne odnosi na vas, jer se dešava u Kini.
ŽIVKA *(ščepa jedan broj)*: A evo, pročitajte ovo na kraju, evo ovo...
PERA *(čita glasno)*: „Najzad nije nikakvo čudo što se ovakve stvari dešavaju u Kini, ali je pravo čudo što se to isto dešava i kod nas, i to u najvišim krugovima našega društva, u domu jednoga našega mandarina." *(Govori):* E, evo, jest, ovo mu ne valja.
ŽIVKA: Ne valja, dabome da ne valja.
PERA: Kad bi se bar moglo doznati ko je pisao?
ŽIVKA: Pa eto, ko bajagi rekoste...
PERA: Rekao sam, gospođo, i verujte, raspitivao sam na sve strane, ali — ne može, pa ne može da se dozna.

VII

VASA, PREĐAŠNJI

VASA *(donosi paket novina i stavlja na stolicu)*: Evo, još ovo sam kupio, ali — nema više. Razgrabio se ceo današnji broj.
ŽIVKA: Pa, razgrabio se, dabome, kad vi niste bili vredni.
VASA: Eh, nismo bili vredni! Eto, sa ovim što sam doneo kupio sam sto i sedamdeset brojeva.
PERA: A ja trista i šest.
VASA: Eto!
ŽIVKA: A jesi li bio vredan da raspitaš ko je pisao?
VASA: Bogami, Živka, raspitivao sam, na sve strane raspitivao, i ne možeš doznati, pa to ti je!
PERA: I ja sam raspitivao, pa ne može.
VASA: Palo mi je na pamet, ako može nekako, što kaže onaj naš novi rođak, da se dozna preko ženske linije.

ŽIVKA: Kako misliš?

VASA: Pa ako je urednik ženjen, on je svojoj ženi izvesno kazao ko je pisao, i onda, treba raspitati koja je gospođa njena najbolja prijateljica, jer ona je izvesno njoj kazala, pa onda da raspitamo koja je prijateljica te prijateljice...

ŽIVKA: Uha!

PERA: Pa ipak, gospođo, tako ćemo još najpre saznati...

ŽIVKA: E pa, ajde, gospodine Pero. Uhvatite tu žensku liniju, pa saznajte. Ali samo što pre, što je moguće pre, jer gorim od nestrpljenja; ugušiću se od nestrpljenja dok ne saznam. A kad saznam, lele majci, taj će me zapamtiti. Ajde, ajde, požurite, gospodine Pero!

PERA: Molim! *(Ode.)*

VIII

ŽIVKA, VASA

ŽIVKA: Boga ti, Vaso, reci ti meni: poznaješ li ti koliko-toliko zakone?

VASA: Pa, kako da ti kažem, Živka, niti ja poznajem zakone niti zakoni mene.

ŽIVKA: Pa kako to, kad si bio tolike godine policijski činovnik?

VASA: Bio sam, nije da nisam bio, ali, pravo da ti kažem, dok sam bio policijski činovnik, nisam osećao potrebu da se upoznam sa zakonima. Ali, ako te treba što posavetovati, ja i onako znam, umem da odmerim šta je pravo, a šta nije.

ŽIVKA: Ne pitam te ja šta je pravo a šta nije, nego te pitam kakvi su to zakoni u ovoj zemlji kad policija ne može da zabrani novine koje vređaju jednu ministarku?

VASA: Ti si bila kod upravnika varoši?

ŽIVKA: Sad sam došla otud!

VASA: Pa šta ti kaže?
ŽIVKA: Ne mogu, veli, po zakonu; to nije, veli, prava uvreda, to je samo aluzija. Ama kakva aluzija, pobogu brate, zar nazvao me odvratnom babom, pa to aluzija.
VASA: Pa to nije, al' biće ono aluzija što je Simu nazvao mandarinom. Ja mislim, to će biti aluzija.
ŽIVKA: A ako ja tome koji je pisao razbijem nos, hoće li to biti aluzija?
VASA: Ostavi se, boga ti, Živka, toga. Ja ne znam kakva je to manija u tvojoj porodici, svi hoćete da razbijate noseve. Nego stišaj se ti malo, pa da razgovaramo o tome: šta da se radi?
ŽIVKA: Ama, kakvo te stišavanje snašlo, crni Vaso! Zar izgrdili me i nagrdili i nafarbali svima bojama u novinama, a ti meni da se stišam! More zemlju ću da pregrizem, pa ću da ga nađem, a već kad ga nađem, zapištaće majci i proklinjaće čas kada je naučio da piše. Zadaviću ga, razumeš li, evo ovim ću ga rukama zadaviti.
VASA: De, de, de! Opet si pala u vatru.
ŽIVKA: Pa kako da ne padnem u vatru, nego u šta hoćeš da padnem?
VASA: Ono jest... znam kako ti je!
ŽIVKA: A znaš li ti, Vaso, šta ja mislim, koja me je zmija ujela?
VASA: Ne znam.
ŽIVKA: Niko drugi nego gospa Nata. Ruku bih u vatru met'la ako to nije njeno maslo.
VASA: A što misliš da je ona?
ŽIVKA: Pa preotela sam joj onoga.
VASA: Koga si joj preotela?
ŽIVKA *(trgne se)*: Onako de... samo forme radi.
VASA: Ne razumem te, šta si preotela forme radi?
ŽIVKA: Pa brate, preotela sam joj ministarsku fotelju, i onda, dabome, i sve ono što ide uz to.

VASA: Fijaker?
ŽIVKA: Ama nije fijaker samo, nego i druge stvari. Ne razumeš ti to!
VASA: Pa to „forme radi" ne razumem.
ŽIVKA: Pa ne razumeš, dabome, kad nisi otmen; da si otmen, ti bi razumeo, ovako dabome...

IX
ANKA, PREĐAŠNJI

ANKA *(donosi pismo)*: Za gospođu.
ŽIVKA: Ko je doneo?
ANKA: Jedan šegrt.
ŽIVKA: Dobro.
ANKA *(odlazi)*.

X
ŽIVKA, VASA

ŽIVKA *(otvara pismo i pregleda)*: Ko je ovo, boga ti? Išarao potpis kao uskršnje jaje, ne mogu da mu pročitam.
VASA *(uzme pismo)*: Rista!
ŽIVKA: Koji Rista?...
VASA: Pa taj, de, Nikaragua.
ŽIVKA: Samo mi on još treba na ovu muku. Šta hoće, boga ti?
VASA *(čita)*: „Poštovana gospođo Ministarka. Posle one neprijatnosti koja mi se desila u vašoj kući..."
ŽIVKA: A on što se zavlači kod sobarice!
VASA *(nastavlja)*: „Ja uskraćujem sebi zadovoljstvo da vam lično dođem, utoliko pre što posle iznete bruke u današnjim novinama

prestaje sama sobom i svaka mogućnost da postanem član vaše poštovane porodice."

ŽIVKA: Ko mu pa i traži da postane član porodice! Nek ide bestraga! Eno mu njegove Nikarague, pa neka se tamo ženi!

VASA *(čita dalje)*: „Kako je današnjim napisom u novinama izložen podsmehu moj trgovački ugled, pa možda doveden u pitanje i sam moj visoki položaj počasnog konzula, to pojmite što nisam žalio ni truda ni sredstava da saznam ime pisca, kako bih mogao pribaviti sebi satisfakciju. I uspeo sam najzad da ga saznam..."

ŽIVKA *(nestrpljivo)*: Ko je, tako ti boga?

VASA: Čekaj, molim te.

ŽIVKA: Čitaj, čitaj brzo!

VASA *(nastavlja)*: „I smatram za dužnost da vam ga saopštim..."

ŽIVKA *(kipti od nestrpljenja)*: Ama ne zaobilazi, Vaso, nego čitaj ime!

VASA: O maj... kakva si!...

ŽIVKA: Preskoči sve drugo. Čitaj ime!

VASA: Evo de! *(Čita):* „Pisac je tog članka u novinama ujka Vasa..."

ŽIVKA *(plane i nasrne na Vasu)*: Vaso, lopužo matora! Vaso, pijanduro!... Vaso... *(Naleti i u besu čupa s njega sve što stigne.)*

VASA: Ama čekaj, brate, čekaj, de!... O majku mu, gde ću da poginem ni kriv ni dužan.

ŽIVKA: Pišeš članke, je li, pseto gadno; aluzija, je li... *(Dočepa stolicu):* Sklanjaj mi se s očiju, jer ćeš sad poginuti, svinjo pijana!...

VASA: Ama, Živka, pobogu, stišaj se i čekaj da ti pročitam do kraja!

ŽIVKA: Pročitao si ti meni ono što mi je trebalo pročitati.

VASA: Ama smiri se, tako ti boga... Otkud ja da pišem, ni na pamet mi nije palo. Zar ja zbog nepismenosti otpušten iz državne službe, pa da pišem članke, i to još aluzije...

ŽIVKA: Jesi, jesi, Vaso, poznajem ja tebe dobro, matora lopužo!
VASA: Pusti me, molim te, da ti pročitam do kraja.
ŽIVKA: Čitaj, ajde čitaj!
VASA: Hoću, samo, molim te, ostavi tu stolicu! Ne umem da čitam kad držiš stolicu!
ŽIVKA: Čitaj!
VASA *(čita)*: „Pisac je toga članka ujka Vasa, odnosno onaj gospodin koji se meni predstavio kao ujka Vasa, a to je vaš rođeni zet..."
ŽIVKA *(ispusti stolicu)*: Šta kažeš?
VASA *(ponavlja)*: „A to je vaš rođeni zet!"
ŽIVKA *(zgranuta)*: Ama šta kažeš, tako ti boga?
VASA *(opet čita)*: „A to je vaš rođeni zet!"
ŽIVKA: Ju, ju, ju, ju, sad će me strefiti. Zet, zet, izetio se on dabogda nikakav! Jaoj, proklet bio majci i ovoga i onoga sveta. Kuću mi ocrni, obraz mi oduze, oduzela mu se dabogda ruka kojom je napisao ono.
VASA: Smiri se, boga ti!
ŽIVKA: Kako da se smirim kad mi je iskidao sve živce: isekao mi život kao faširano meso. Kako da se smirim, smirio se on dabogda nikakav! *(Plane):* Vaso, daj mi pušku; čuješ li, pušku mi daj da ubijem skota. Pušku mi daj... ili nemoj...
VASA: Pa dabome da neću!
ŽIVKA: Idi, idi mi kupi mišomor. Čuješ li šta ti kažem, idi mi kupi mišomor!...
VASA: Što će ti, pobogu Živka, mišomor?
ŽIVKA: Hoću da ga otrujem, hoću kao pacova da ga otrujem!
VASA: Ostavi se, boga ti!... Ne biva to! Nemoj tako da govoriš. Nego lepo i pametno da smislimo. Ja mislim, Živka, da ti njega prosto optužiš.
ŽIVKA: Koga?
VASA: Zeta!

ŽIVKA: Pa drugi da mu sudi, je li? A, to ne, hoću ja da mu sudim; ja, razumeš li? Što ga snađe, od moje ruke da ga snađe!
VASA: Pa dobro, ali kako, šta misliš da uradiš?
ŽIVKA: Proteraću ga, tražiću još ovoga časa da se protera!
VASA: Je l' u Ivanjicu?
ŽIVKA: Ama kakvu Ivanjicu! Preko granice, razumeš li, preko granice, kao što se skitnice i kockari proteruju. Eto, to ću ja njemu, i to odmah, nijednog sata mu neću dati da se skrasi, proteraću ga majci... odmah dabome, odmah... *(Uzme slušalicu):* Molim 407... da, 407!...
VASA: Šta ćeš?
ŽIVKA: Tražim Simu!... Jesi ti, Simo? Ovde Živka. Slušaj, Simo, što ću ti reći: ako si vlast i ako si ministar, a ti odmah učini kako ti kažem, a ako si mandarin... *(Zastane i sluša menjajući boje u licu):* Vaso, 'odi ti ovamo na telefon, nešto psuje i grdi, ne razumem ga... Ništa ga ne razumem. Da li to zvrji telefon, ili meni nešto zvrji u ušima... Ništa ga ne razumem. 'Odi, boga ti! *(Daje mu slušalicu.)*
VASA *(uzme):* Ja sam ovde, zete, Vasa... Jest! Živki nešto zvrji... reci meni... *(Sluša.)*
ŽIVKA: Šta kaže?...
VASA *(mane rukom da ćuti).*
ŽIVKA: Ama šta kaže, boga ti?
VASA *(ostavi slušalicu i vrti glavom):* Ljuti se, mnogo se ljuti.
ŽIVKA: Pa šta mu nisi kazao da se i ja ljutim?
VASA: I rekao ti je da ga ostaviš na miru i da se okaneš tvojih budalaština.
ŽIVKA: Šta kaže?
VASA: I kaže ti da si ga užasno osramotila onim što je izašlo u novinama.
ŽIVKA: Pa nisam ja to pisala.

VASA: I kaže, biće kroz koji čas ministarska sednica. Ministar unutrašnjih dela mu je saopštio da će se na sednici govoriti o tome.
ŽIVKA: O čemu?
VASA: Pa o tome što je izašlo u novinama.
ŽIVKA: More, šta me se tiče šta će oni da razgovaraju, nego što ti njemu nisi kazao...
VASA *(preseče je)*: Čekaj, molim te. Još nešto mi je kazao. Veli: boji se da i njegov položaj nije doveden u pitanje, jer je ovaj današnji napis izazvao negodovanje i na najvišem mestu, i sve su kolege, ministri, vrlo neraspoloženi.
ŽIVKA: Šta kaže?... Kakav položaj u pitanju? Samo neka proba. Idi, Vaso, na telefon pa mu reci: ako da ostavku, da mi slobodno ne dolazi kući. Ako su njegove kolege neraspoložene, neka oni dadu ostavke. Svi neka dadu ostavke, ali on da se nije usudio!... Tako mu reci!...

XI
ANKA, PREĐAŠNJI

ANKA *(dolazi spolja)*: Gospođa Nata Stefanović želi...
ŽIVKA: Ko, more?...
ANKA: Gospođa Nata Stefanović, ministarka.
ŽIVKA *(popravlja je)*: Bivša ministarka.
ANKA: Da!...
ŽIVKA: Otkud ona! Ala je potrefila kad će da mi dođe! Pročitala je, kučka, ono u novinama, pa sad došla da omiriše. Ne mogu, ne mogu da je primim, nek ide bestraga!...
VASA: Pa ipak moraš, Živka, red je!
ŽIVKA: Pa vidim i sama da moram, ali, znaš, sve mi se prevrće u stomaku od muke. Sad mi došla, bestraga joj glava... Nek uđe!

ANKA *(ode)*.

ŽIVKA *(gleda po sobi)*: Ju, ju, ju, i gde ću da je primim u ovom vašaru? Skrhala vrat dabogda i kad joj je palo na pamet da dođe.

XII

NATA, ŽIVKA, VASA

NATA *(dolazi)*: Dobar dan, dobar dan želim, gospa-Živka.

ŽIVKA: Ju, slatka moja gospa-Nato, baš vam hvala što naiđoste malo. Otkad vas nisam videla pa baš kažem: što li mi se to gospođa Nata odbila?

NATA: Nije, bogami, nego, verujte, ne mogu da danem dušom od raznih sednica. Znate, dok sam bila ministarka, sva ženska društva izabrala su me u svoje upravne odbore, pa sad eto teglim... Popeše mi se, bogami, na vrh glave razne sednice, predlozi, rezolucije; već sam i od kuće digla ruke. *(Gleda kufer)*: Gle, gle, gle... kakvo je to pakovanje?

ŽIVKA: A ovo... Znate, moja ćerka se sprema za banju.

NATA: Zar još sad, pa još nije sezona?

ŽIVKA: Šta ću, kad je stegao reumatizam, pa ne može da čeka sezonu.

NATA: A u koju će banju?

ŽIVKA: U koju?... Pa u Abaciju.

NATA: Tako! A putovaće, razume se, u salon-vagonu? Ja sam uvek putovala u separatnom salon-vagonu, to je tako prijatno.

ŽIVKA: Pa da, da!

NATA: Nego čudi me što će u Abaciji, to nije banja za reumatizam?

ŽIVKA: Pa ona će, znate, tamo da se prođe do Abacije, a posle će u Ivanjicu.

NATA: U Ivanjicu?
ŽIVKA: Jeste! Znate, kod same Ivanjice pronađen je jedan nov izvor lekovite vode protiv reumatizma.
NATA: Tako! To nisam znala. *(Spazi novine po stolicama):* Ju, šta je novina, čitava redakcija!
ŽIVKA: A jest, pretplatili smo se za celu godinu pa nam doneli sve brojeve od početka godine. Je li, Vaso?
VASA: Jeste, od početka ove godine i za celu prošlu godinu.
NATA: Ja ne čitam novine, ne volim, verujte... ne čitam novine, sem kad ima štogod vrlo interesantno.
ŽIVKA: Pa da, da! *(Pogleda značajno Vasu):* Vaso, telefoniraj ono što sam ti kazala. Reci mu slobodno da mi se ne vrati kući! *(Odu.)*

XIII

VASA, ČEDA

VASA *(najpre uzme iz kutije sa stola cigarete da napuni svoju tabakeru, a zatim ode desnim vratima)*: Daro, Daro... Je l' tu Čeda? Molim te reci mu nek dođe ovamo. Hteo bih da progovorim reč-dve sa njim.
ČEDA *(dolazi)*: Šta je, ujka-Vaso?
VASA: Hteo sam, Čedo, da ti kažem... Čekaj, šta sam ono hteo da ti kažem? Ah, da! Zamisli, saznali smo ko je pisao ono u novinama.
ČEDA: E?
VASA: I šta misliš ko je?
ČEDA: Ko bi to mogao znati?
VASA: Ti!
ČEDA: Ta nije moguće?
VASA: Jeste, ti!
ČEDA: Ko bi to rekao?

VASA: I znaš kako smo saznali?
ČEDA: Baš sam radoznao?
VASA: Saznao Nikaragua i javio nama.
ČEDA: Ama zar se taj Nikaragua još meša u naše porodične stvari?
VASA: Ne meša se, nego napisao i traži satisfakciju.
ČEDA: Pa neka mu da Anka satisfakciju.
VASA: E, taj si mu kolač lepo ispekô, to ti se mora priznati. Ali ovaj drugi kolač što si ga ispekao Živki preko novina, to ti ne valja.
ČEDA: Pregoreo je malo.
VASA: Pregoreo je mnogo a ne malo! I onda, brate, ne valja ti što se služiš falsifikatima.
ČEDA: Kakvim falsifikatima?
VASA: Pa to, na primer, prvo si mene falsifikovao.
ČEDA: Ne znam.
VASA: Znaš — kako da ne znaš. Predstavio si se čoveku kao da si ti ujka Vasa, a to je, brate, falsifikat, a ja zbog toga mal' ne pogiboh maločas. Pa onda, ajde mene, neka ti je prosto, ali si falsifikovao i Živku.
ČEDA: Da se nisam kome predstavio kao ministarka?
VASA: Nisi, ali si napisao da je odvratna baba, a to je opet falsifikat.
ČEDA: Gle, molim te, e, to nisam znao.
VASA: A znaš li ti, prijatelju, da si time učinio najveći greh koji živi čovek može učiniti? Ubiješ čoveka — naći ćeš u zakonu ma kakvu olakšavnu okolnost; opljačkaš crkvu — naći ćeš opet u zakonu kakvu olakšavnu okolnost; upališ susedu kuću — i za to ćeš naći u zakonu kakvu olakšavnu okolnost; ali — reći javno za jednu dobrodržeću taštu da je odvratna baba, e nema toga zakona na kugli zemaljskoj u kome bi se za taj zločin mogla naći olakšavna okolnost.
ČEDA: To, vidite, nisam znao.

VASA: Nisi dabome, a nisi znao ni to da će cela ta stvar rđavo po tebe da se svrši. Nego deder da ja i ti ozbiljno progovorimo.

ČEDA: Znam, znam već, hoćete da me savetujete da napustim ženu.

VASA: Ama kakva žena, molim te, ovde su sad u pitanju mnogo krupnije stvari no što je žena. Ostavi ti ono što sam ti ja govorio pre, ono sam ti govorio po ministarskoj pameti i onda, razume se, morao sam govoriti koješta, ali ovo što hoću sada da razgovaram s tobom, to je po mojoj sopstvenoj pameti.

ČEDA: Da čujemo, dakle?

VASA: Cela ta stvar u novinama, kao što i sam vidiš, otišla je daleko, vrlo daleko. Sam Sima je došao u vrlo nezgodan položaj. I, malopre nam je telefonirao, stvar će se izneti čak i na ministarskoj sednici, i to još sad, do podne.

ČEDA: To je dobro.

VASA: Pa ja, znaš, nešto mislim — ovo je potpuno po mojoj pameti — kako bi bilo da stvar nekako zagladimo?

ČEDA: Pa zagladite je!

VASA: Ama šta imam ja tu da gladim! Ne mogu ja tu ništa, nego kad bi ti. Kad bi ti, na primer, napisao onako otvoreno: ono što sam pljunuo, pristajem da poližem.

ČEDA: Ko da poliže?

VASA: Pa ti, brate!

ČEDA: A, izvinite!

VASA: Ama de, to se samo tako kaže. Nego evo ovako da napišeš: sve ono što sam pisao u novinama nije istina.

ČEDA: Pa znam. Ali kad je istina.

VASA: Znam ja da je istina, ali... brate moj, istina se nikad ne govori javno, i istina se nikad ne štampa u novinama. Istina je zgodna za ogovaranje, onako u četiri oka, u porodici, a kud si ti pa video i čuo da se istina javno kaže?

ČEDA: Je li to sve iz vaše pameti?

VASA: Pa iz moje, dabome! I vidiš, nešto se mislim: kad bi ti tako napisao pa ja to odneo Simi pre sednice. Pa oni njemu u ministarskoj sednici: „Šta je ovo, gospodine Simo, u novinama?" a on njima: „Ništa, izvolite pročitati ovo!" pa ispovrti tvoje pismo.

ČEDA *(ko bajagi ushićen)*: Ala bi to divno bilo!

VASA: I ja mislim da bi divno bilo. Jer, vidiš, ovako, bez toga, mogu oni njemu reći: „Brate Simo, ti si ceo kabinet obrukao, pa da spaseš ugled kabineta, daj ti, brate Simo, ostavku!"

ČEDA *(još ushićeniji)*: Ala bi to divno bilo!

VASA: Koje?

ČEDA: Pa to!

VASA: Da Sima da ostavku?

ČEDA: Jeste.

VASA *(razočarano)*: Bre, bre, bre! Pa šta ja ovo govorim i zašto tupim zube. Pa ja, bre, mislim da govorim s pametnim čovekom.

ČEDA: Pa tako i ja mislim govoreći s vama, ali, vidite, prevarili smo se obojica.

VASA: Još kako smo se prevarili!

XIV

PERA KALENIĆ, PREĐAŠNJI

PERA KALENIĆ *(dolazi spolja)*: Dobar dan želim, dobar dan!

VASA: Dobar dan!

KALENIĆ *(Čedi)*: Čast mi je predstaviti se: Pera Kalenić. *(Vasi)*: Je li kod kuće tetka Živka?

ČEDA: A gospodin je?...

VASA: Naš rođak.

KALENIĆ: Najbliži rođak po ženskoj liniji.

ČEDA: Tako, to mi je milo. Ja sam zet tetka-Živkin.

KALENIĆ *(rukuje se)*: Vi? Bože moj, eto, a nismo se ni poznavali. Slušajte, možda je i bolje što tetka Živka nije momentalno ovde, da nas troje, kao muški članovi porodice, održimo jedan uži porodični savet.

ČEDA: Molim, izvolite samo objaviti dnevni red.

KALENIĆ: Na dnevnom je redu, kao što znate, ovaj napad u novinama koji je danas izašao protivu tetka-Živke. *(Čedi):* Vi ste izvesno čitali?

VASA: Jest, pročitao je on to.

KALENIĆ: Ja sam dakle sastavio jedan odgovor, jer, dozvolite, naša je dužnost, kao članova porodice, da odbranimo tetka-Živku od tako gadnih kleveta.

ČEDA: Razume se!

KALENIĆ: Hoćete li da čujete moj odgovor? *(Vadi hartiju iz džepa):* Moj odgovor je upućen na adresu onoga magarca koji je napisao to u novinama. *(Čedi):* Šta mislite, da li da ga nazovem konjem ili magarcem, šta mi savetujete?...

ČEDA: Sasvim svejedno, ne vidim da ima kakve razlike. Samo, jeste li vi mislili o tome da će taj koga budete nazvali konjem ili magarcem vama razbiti nos?

VASA *(za sebe)*: Opet nos!

KALENIĆ: Mislio sam i na to, ali ja se neću na ovo potpisati.

ČEDA: A, tako? E, to je druga stvar.

KALENIĆ: Ja sam, dakle, da vam ne bih čitao sve, u svom napisu vrlo vešto izveo stvar. Rekao sam da je dotični gospodin predstavnik jedne strane države, Nikarague, i da je kao takav došao u posetu radi izvesnih zvaničnih pregovora, recimo radi pregovora za zaključenje trgovinskog ugovora.

ČEDA: Sa gospa-Živkom?

KALENIĆ: Ne, nego s našom državom. Zatim sam rekao da dotična gospođa ministarka, kojoj je on došao, momentalno još nema čekaonicu u kući, a kako je toga trenutka bila zauzeta, uputila je dotičnog gospodina u sobaričinu sobu da tamo priče ka, kao u čekaonici.

ČEDA: A što je skinuo kaput?

KALENIĆ: A to što je skinuo kaput, rekao sam da je stoga što je dotična sobica vrlo niska i tesna.

ČEDA: To ste se, vidite, vrlo dobro setili. Meni nikad ne bi tako nešto palo na pamet. To vam je neobično duhovito.

KALENIĆ: Je l' te?

ČEDA: Baš mi je milo što imam tako duhovitog rođaka. No, ujka-Vaso, sad nemamo šta više da brinemo. Stvar je sasvim u redu. Ako ovo što je gospodin napisao izađe u novinama, stvar će biti potpuno uređena.

VASA: Samo da ne bude dockan?

KALENIĆ: Zašto dockan?

ČEDA: Pa znate, nije nemoguće da će g. Sima još danas dati ostavku.

KALENIĆ *(neprijatno iznenađen)*: Teča Sima?

ČEDA: Da, teča Sima.

KALENIĆ: To nije moguće!

ČEDA: I to zbog onoga u novinama.

VASA: Da, nažalost, zbog onoga u novinama.

KALENIĆ: Ali zašto, molim vas? To ne bi bilo nimalo lepo. I, najzad, ne vidim da je on tu kriv.

ČEDA: Pa nije, al' vidite, obično se kola krhaju na onome koji nije kriv.

KALENIĆ: Jeste li vi baš sigurni da će on dati ostavku?

ČEDA: Siguran nisam, ali tako se misli, tako se govori.

KALENIĆ: Onda, šta mislite? Zar ne bi bilo bolje da ja pričekam sa ovim odgovorom... da vidimo najpre situaciju, jer, ja bar tako mislim, ako da ostavku i ne bude više ministar, onda prestaje svaka potreba da se brani, zar ne?

ČEDA: Razume se. Isto tako i ja mislim. I ne samo to, nego ako da ostavku i ne bude ministar, onda nema smisla biti u srodstvu sa njim.

KALENIĆ: Pa jest!

ČEDA: Ja, na primer, to ću vam iskreno reći, ako on ne bude više ministar, mislim sasvim da se odrečem srodstva sa gospa-Živkom.

KALENIĆ: A mislite vi odista da će dati ostavku?

ČEDA: Pravo da vam kažem, ja mislim da je dosada već i dao.

KALENIĆ: Pravo da vam kažem, baš ja i nisam tako bliski rod.

VASA: Gle sad! Pa je l' reče juče da si najbliži rod?

KALENIĆ: Pa jeste, ne kažem da nisam, ali više po ženskoj liniji, a znate, srodstvo po ženskoj liniji nije nikad dovoljno pouzdano.

VASA: Pa je li reče, pre ćeš da pogineš no što ćeš dopustiti da ti se ospori srodstvo?

KALENIĆ: Da, ja sam se onako figurativno izrazio.

ČEDA: Razume se, to je samo figurativno. Vi to, ujka-Vaso, ne možete da razumete.

VASA: Ne mogu.

ČEDA: Nekad, u staro vreme, rod je rod; danas su se izmenile prilike, pa rod može da bude i figurativni rod.

KALENIĆ: Vi vrlo pravilno shvatate stvari.

VASA: Ja ih, bome, ne shvatam, pa to ti je!

ČEDA: Pa zato i ne vredi više o tome govoriti. Dakle, dragi i figurativni rođače, najbolje je, metnite vi taj rukopis u džep i otidite u čaršiju, ili zađite po kafanama pa se raspitujte o situaciji. Ako teča Sima ne bude dao ostavku, vi dođite i pročitajte to tetka-Živki; ako bude dao ostavku, onda ne vredi cela stvar truda.

KALENIĆ: Sasvim, sasvim, kao da mi iz usta vadite reč. Dakle, čim čujem kakva je situacija, ja ću doći...

ČEDA: Ako je potrebno.

KALENIĆ: Pa da, ako je potrebno. Zbogom, gospodine; zbogom, gospodine Vaso. *(Ode.)*

XV

ČEDA, VASA

ČEDA *(Vasi)*: Ko vam je ovo, pobogu?

VASA: A đavo će ga znati; sam je izmislio da nam je rod, a vidi ga sad!

ČEDA: Pa vi, ujka-Vaso, meni prebacujete da sam vas falsifikovao, a eto vi falsifikujete rođake.

VASA: Ama nisam to ja, sam se on falsifikovao. I vidi ga, molim te, čim ču za ostavku, a on opra ruke.

ČEDA: Tako je to, moj ujka-Vaso. Pacovi se razbegavaju čim lađa počne da tone. Nije ovaj ni prvi ni poslednji.

VASA: More, nek ide do đavola! Nego, deder, kaži ti meni ono što sam te pitao: može li ona stvar nekako da se izgladi?

ČEDA: Ama ostavite se, ujka-Vaso, glađenja; zar ne vidite da je cela situacija tako rapava da se ne može ni izrendisati a kamoli izgladiti.

VASA: Ajdemo mi tvojoj Dari. Hoću s njom da progovorim. Ipak, ćerka je, nju će pre da zaboli srce nego tebe.

ČEDA: Molim, izvolite, nemam ništa protiv. Pokušajte, možda će nju zaboleti srce. Izvol'te ovamo! *(Odu zajedno u desnu sobu.)*

XVI

NATA, ŽIVKA

NATA *(izlazi iz sobe, Živka za njom)*: Kažem vam, gospa-Živka, nemojte vi to uzimati k srcu. Tako vam je to: dok sam bila ministarka, ceo svet oko mene; te svi mi prijatelji, te svi me poštuju, te puna mi kuća poseta. A o žuru nema dovoljno stolica u kući i nema dovoljno šolja za čaj, a imam dva tuceta. Pa onda, ženska društva biraju vas za upravnu članicu, pevačka društva biraju vas za patronesu i tako sve redom. A kad prestanete biti ministarka, prave se svi Englezi. Tek vidiš, na žuru ni rodbina ne dolazi; tri šolje za čaj dovoljno. Pa jedni vas izbegavaju, a drugi se prave čak da vas ne poznaju. Prošla sam ja to pa znam, a vi, zdravlja bože, videćete. Samo, znate, ne treba to primati srcu.

ŽIVKA: Ako hoćete pravo da vam kažem, meni i nije baš toliko stalo do toga da budem ministarka.

NATA: E, pa nemojte, gospa-Živka, budimo iskreni. Prijatno je to: imaš fijaker, imaš cigarete na reprezentaciju, ideš besplatno u ložu, imaš salon-vagon za putovanje, pa momak iz ministarstva; pa čim potražiš telefon i kažeš ko si, a telefoniskinje pokrhaju se koja će ti pre dati vezu; pa klanjaju ti se činovnici, pa činovničke žene ti jednako prave vizite. Pa onda, ako si na ručku, počasno mesto; ako je kakva svetkovina, dobiješ puket, ako je parada, dobiješ mesto na tribini. Ne može se reći da sve to nije prijatno.

ŽIVKA: Pa jeste, kad se s te strane uzme.

XVII

ANKA, PREĐAŠNJI

ANKA *(donosi pismo)*: Za gospođu! *(Odlazi.)*

ŽIVKA *(pomiriše pismo).*
NATA: Molim vas, dozvolite mi da to pismo pomirišem?
ŽIVKA: Ju, gospa-Nato, šta vam pada na pamet; otkud pa sad tuđe pismo da mirišete?
NATA: Dozvolite mi, molim vas.
ŽIVKA *(podmetne joj)*: Evo baš, pomirišite, kad vam je toliko do toga stalo.
NATA: Isti miris i ista boja, roze... Otvorite slobodno, otvorite; nije to meni ništa nepoznato; dobijala sam i ja takva pisma.
ŽIVKA: Iju, šta vi mislite?
NATA: Pa de, de — što se sad pravite... Učili ste i vi bridž, nisam samo ja... More, znam ja sve to po redu. Otvorite, kad vam kažem, slobodno to pismo, jer kako ste mi malopre govorili da može doći do ostavke vašeg muža, onda znajte da to pismo može da bude vrlo važno.
ŽIVKA: Važno? *(Otvori nervozno, čita, zgražava se i daje pismo gospa-Nati.)*
NATA *(pročita)*: Ostavka! Kažem ja vama. Ovako isto pismo sam i ja dobila čim je pao moj kabinet.
ŽIVKA: Ju, ju, ju... Ne mogu da dođem sebi!
NATA: Šta ćete, takva je ta diplomatska ljubav.
ŽIVKA: Čujte, gospa-Nato, ovo je neka prava diplomatska svinja.
NATA: Samo slušajte, gospa-Živka, to pismo mnogo znači. Ta diplomatska svinja ne daje ostavku sve dotle dok nije siguran da je dotični ministar dao ostavku.
ŽIVKA: Šta kažete?... Ju, pregrizla jezik dabogda! Kakva ostavka?
NATA: Kažem samo: ovaj nasigurno piše.
ŽIVKA *(uzruja se)*: Ama, je li to moguće?
NATA: Eh, kako da nije moguće. Ostavka vlade, gospa-Živka, to vam uvek padne kao grom iz vedra neba. Pravim ja planove: te ovako ću da namestim kuću, te ovako ću da pravim izlet; te u ovu ću banju

letos... a tek... brrr... bum! Udari grom: padne vlada i odu svi planovi u vetar. Zgodio me je, slatka moja gospa-Živka, pa znam kako je!

ŽIVKA: Ama, šta vi tu govorite...

NATA: A natuštilo se nešto nebo pa nemojte se iznenađivati. Gde je oblaka, tu će biti i groma. Zato ja, blago meni, da se skolnim. Ne volim da vam stajem na muku; znate kako je, svakome je lakše kad sam podnosi ono što ga snađe. Hajde, zbogom, gospa-Živka; pa nemojte vi to tako da primite k srcu. Zbogom! *(Ode.)*

XVIII

ŽIVKA, VASA

ŽIVKA *(gleda poraženo za Natom)*.
VASA *(dolazi iz sobe)*: Ode li ti ta?
ŽIVKA: Ode, more, ali mi nasluti. Šta misliš ti, može li odista da se desi da onaj da ostavku?
VASA: Pa... kako da ti kažem... i moglo bi. Eto, baš sad mi kaže Čeda...
ŽIVKA: Je l' Čeda ti kaže? E, neće ga majci biti onako kako ti Čeda kaže. Idem ja tamo, idem sama lično da upadnem u ministarsku sednicu. Ako je podneo već, pocepaću mu ostavku, a njima, ministrima, reći ću neka svaki prvo počisti pred svojom kućom, pa neka se onda brine o ugledu vlade. I reći ću im... znam već šta ću im reći... Ček samo da se obučem...
VASA: A, a, promisli malo da l' ćeš dobro učiniti!
ŽIVKA: Ne pitam ja više da l' je dobro; idem da upadnem u sednicu pa da im ja pokažem... Čekaj samo da se obučem! *(Odjuri u sobu.)*

XIX

VASA, ČEDA, DARA

VASA *(na levim vratima)*: Čedo, Daro... Daro... 'odite, 'odite, boga vam, ovamo!
ČEDA *(dolazi)*.
DARA *(za Čedom dolazi)*.
ČEDA: Šta je?
VASA: Ama da vidiš novo čudo! Ona hoće da upadne u ministarsku sednicu.
ČEDA: Pa neka upadne!
VASA: Ama ne biva, što ne biva, ne biva.
DARA: Pa šta mi možemo?
VASA: Da mi pomognete, silom da je zadržimo!

XX

RAKA, PREĐAŠNJI

RAKA *(izlazi iz sobe sa ogromnim kuhinjskim nožem, a Anka za njim držeći ga za peševe od kaputa)*: Puštaj me, puštaj me kad ti kažem!
ČEDA *(spreči mu put)*: Ehe, prijatelju, kuda si navro?
RAKA: Jaoj, puštaj me, hoću da ga proburazim.
ČEDA: Koga more?
RAKA: Sretu Matića.
ČEDA: Zašto, bre?
RAKA: Opsovao mi je oca mandarinskog.
ČEDA: Pa što nisi i ti njemu opsovao?
RAKA: Pa opsovao sam mu.
ČEDA: Pa onda ste kvit.

RAKA: Al' za njegovog oca nije bilo u novinama da je mandarin.

XXI
ŽIVKA, SIMA, PREĐAŠNJI

ŽIVKA *(izleti iz sobe obučena)*.
VASA I DARA *(hteli bi da je zadrže)*.
ŽIVKA: Sklanjajte mi se s puta! *(Grune na vrata.)*
SIMA *(na otvorenim vratima pojavljuje se)*.
ŽIVKA *(trgne se)*: Šta je, govori šta je?
SIMA: Uvažena mi je ostavka.
ŽIVKA *(cikne kao ranjena)*: Bog te ubio da te ne ubije, a što je dade?
SIMA: Zbog tebe!...
ŽIVKA: Šta, zbog mene? A što zbog mene, smetenjače jedan! Bolje reci, nisi ni bio za ministra, eto ti! Bolje to reci!...
SIMA: Pa nisam, dabome, kraj takve žene.
ŽIVKA: I sad, je li, i sad nismo više ministri?
SIMA: Dabome da nismo!
ŽIVKA: Gospode bože, zašto me zgodi tako dušmanski kad sam ti palila sveću svakoga petka! *(Simi):* Je li, ni fijaker, ni loža, ni salon-vagon... sve to ode, je li... sve, sve?
SIMA: Pa ode, dabome!
RAKA: Dole vlada!
ŽIVKA *(ščepa štosove novina sa stolice i gađa ga njima)*: Kuš, štene jedno, pregrizô jezik dabogda... *(Raka pobegne. — Prilazi Simi i unosi mu se u lice)*: Zbog mene, je li, zbog mene? More, ne bila ja ministar, pa bi ti video da l' bih ja zbog tebe dala ostavku. *(Sima ode. Ona gleda Čedu, Daru, Vasu):* A vi, je li, smejete se u duši i podgurkujete se, je li? Ali, Čedo, upamti: nosićemo se dok je sveta

i veka, nećeš ga majci više mirno ni oka sklopiti. *(Čeda ode):* A ti *(Dari):* pakuj se, ajde, pakuj se kad ne možeš da odlepiš tu krlju sa sebe. Pakuj se, ali ga majci nećeš putovati salon-vagonom, nego trećom klasom. Trećom klasom, upamti, trećom klasom! *(Dara ode):* A što se ti keziš? *(Vasi):* Idi, idi, optrči familiju, i objavi da nisam više ministarka; neka Savka, Daca i Soja kliknu od radosti i neka kažu: „E, vala, dosta je Živkinog i bilo!" Tako će da lanu: znam ja njih, a znam i tebe. Idi, idi pa objavi. *(Vasa ode. — Publici, prilazeći rampi):* A što se vi cerekate mojoj sudbini? Ne zaboravite da sad nisam ministarka pa ne moram više da budem otmena, i onda neka vam ne bude krivo ako raspalim jezikom po vama! Ajde, idite kući, idite, nećete valjda do kraja da mi stajete na muku. Idite i nemojte, đavo da vas odnese, da me ogovarate, jer, ko zna, danas-sutra mogu ja opet biti ministarka. Samo dok se zaboravi ovo nešto malo bruke, evo mene opet, pa posle da ne bude: što nam nisi kazala. Ajde, ajde, idite sad!...

Ožalošćena porodica

— *komedija u tri čina* —

LICA:

AGATON ARSIĆ, sreski načelnik u penziji
TANASIJE DIMITRIJEVIĆ, trgovac
PROKA PURIĆ, opštinski činovnik
TRIFUN SPASIĆ, nezaposleni građanin
MIĆA STANIMIROVIĆ
DR PETROVIĆ, advokat
SIMKA, Agatonova žena
VIDA, Tanasijeva žena
GINA, Prokina žena
SARKA, udovica
TETKA
DANICA

Događa se svakad i svuda.

PRVI ČIN

Prostrani hol iz kojega stepenice vode na gornji sprat. Težak kožni nameštaj. Upadljiva je velika, u zlatnom ramu, slika pokojnog Mate Todorovića, koja visi o zidu. Više vrata levo i desno, a pozadi velika staklena.

I
PORODICA

(Pre otvaranja scene pozornica potpuno prazna. Posle izvesnog vremena otvaraju se zadnja vrata i ulazi čitava gomila žena i ljudi. To je porodica pokojnog Mate Todorovića koja se vraća sa groblja, gde je održan sedmodnevni parastos pokojniku. Cela porodica je u crnini i pogružena. Svi ćuteći zauzimaju mesta. Muški posle izvesne pauze pale cigarete, a ženske radoznalo razgledaju nameštaj i sve oko sebe, progovore šapatom među sobom ili samo razmenjuju poglede.)

AGATON *(tip naših predratnih sreskih načelnika koje je novo doba bacilo u zaborav; on natenane savija cigaretu na kolenu, stavlja je u muštiklu, pali i kad pusti dim, prođe pogledom po svima)*: Što ti je čovek, bože moj! Kao da ga nije ni bilo.

PROKA: Tako ti je to, moj Agatone! Danas jesmo sutra nismo.

VIDA: Šta ćeš; takav je zakon božji, prijatelj-Proko, pa ne biva drukče!

PROKA: Ne biva, bome!
AGATON: Ama zakon, znam ja da je to zakon, ali bar da ima nekoga reda u tom zakonu. Zar je baš on bio na redu?
TANASIJE: Odista, takav čovek.
AGATON: Takvi se ljudi ne rađaju dvaput.
TANASIJE: Pošten, čestit...
AGATON: Nije to samo pošten i čestit, nego čovek sa ovolikim srcem; dobrotvor, jednom reči dobrotvor.
SIMKA: Koga sve on nije pomogao?
PROKA: Nije bilo siromaha kome nije pružio ruku.
GINA: Pomogao, bome, i levo i desno!
TANASIJE: Šteta odista, takav čovek!
AGATON: I kakvo je to poštenje bilo!
TANASIJE: Nikome taj nije zajeo, nikome oteo!...
PROKA: More, kako zajeo i oteo; davao je.
VIDA: Davao je bome i kapom i šakom.
MIĆA: Možete misliti kakav je to gubitak za našu porodicu.
AGATON: Gubitak, nego!
SARKA *(Gini koja je zaplakala)*: Dosta, boga ti, prija-Gino, sa tim tvojim plačem. Ajde tamo na parastosu što si plakala, bilo je sveta, pa je i red da neko u ime familije plače; ali zašto ovde, kad smo svi svoji.
GINA *(još od ulaska svaki čas krije oči maramom i plače)*: Ne mogu da se uzdržim. Što kažu, eto, pre sedam dana bio je tu, ovde, u kući... a danas?...
SIMKA: A danas, eto, održasmo mu sedmodnevni parastos.
VIDA: Istina, kad već pomenu parastos, baš pravo da vam kažem, nije lepo što je danas samo jedan sveštenik služio. Imalo je valjda odakle da se plati, a pokojnik je toliko zaslužio.
TANASIJE: Trebalo je uzeti bar tri sveštenika.
VIDA: Tri najmanje.

MIĆA: Pokojnikov je ugled to odista zahtevao.

SARKA: Sramota od sveta! Ovo je prvi, sedmodnevni parastos, pa jedan sveštenik!

GINA: Jesi li ti to, prijatelj-Agatone, tako naredio?

AGATON: Otkud ja? Ko mene pita? Tu je advokat, on je staralac, pa je on valjda tako naredio.

VIDA: Tako je to, dabome, kad kod tolike familije tuđini upravljaju i naređuju.

AGATON: Šta ćemo, tako je pokojnik želeo i tako je naredio.

TANASIJE: Bio je dobar i čestit čovek, to mu se mora priznati, ali je nekako izbegavao familiju. Bar dok je bolovao, da pozva koga od nas, pa da mu reče reč-dve.

AGATON: Bio sam baš pred smrt da ga obiđem. Seo ja tako na stolicu, a on, kad me vide, čisto se oveseli: „Gde si, zaboga, Agatone, ja nikog bližeg od tebe nemam!"

TRIFUN *(nakašljuje se)*: Ovaj... neće, kanda, biti da si mu ti, Agatone, baš tako blizak.

MIĆA: Da, to sam i ja hteo primetiti.

AGATON: Pa ne kažem ja da smo baš rođena braća, ali tek, rod smo. I mogao je, vidiš, tom prilikom da mi kaže: Agatone, brate, ja imam dosta njih u familiji, ali svi su nekako... nekako onako... Ti si jedini, brate Agatone, onako... eto, bio si toliko godina sreski načelnik, upravljao si narodom, pa ćeš umeti upravljati i mojim imanjem.

TRIFUN *(kao izraz opšteg negodovanja koje se javilo u pokretu i razmeni pogleda)*: Mogao je i tako da ti kaže, zašto da nije mogao. Samo znaš, brate Agatone, pokojnik je bio pismen čovek i čitao je novine, pa je mogao misliti u sebi: Ovaj Agaton jeste bio sreski načelnik, ali gde god je bio, ostavljao je za sobom smrdljiv trag.

AGATON *(plane)*: To nije istina! Tako su pisale opozicione novine, a ne možeš ti tražiti od opozicionih novina da pišu kako sam ostavio mirišljavi trag za sobom.

TANASIJE: Ama i bez toga, drugo je to, Agatone, upravljati narodom, a drugo upravljati imanjem.

AGATON: Nije drugo, Tanasije, nije to drugo. I za jedno i za drugo treba imati iskustva i ruku. A deder, kaži mi ga ovde, među vama, ko bi bio za taj posao? Ajde reci, je l' ovaj Tanasije? Pa on da je valjao, valjao bi najpre sebi, a ne bi pao pod stečaj.

TANASIJE *(buni se)*: Pa šta ako sam pao?! Danas malo veći i jači padaju pod stečaj, pa zašto ne bih ja?

VIDA: I ako je pao, prijatelj-Agatone, tebi nije ništa zajeo.

AGATON: Ama ne kažem ja ništa protiv toga, ali da si pao pod stečaj, pa onda kupio automobil, ja bih ti skinuo kapu. Ali ti nekako ne umeš, spetljao si se. Eto, pronašli ti i neko lažno vođenje knjiga.

TANASIJE: Ako su i pronašli, nisam ja vodio knjige nego knjigovođa.

AGATON: Pa knjigovođa, dabome! Ali nije o tome reč, ja sam to samo onako, uzgred kazao, a možemo i da preskočimo tebe, pa da se upitamo na primer: bi li ovaj Proka bio kadar da upravlja imanjem?

PROKA *(buni se)*: Zašto, ko bajagi?

GINA: Ako možeš ti, prijatelj-Agatone, može i on.

AGATON: Ama može, ne kažem da ne može, samo pogledaj ga kakav je. Eto, pogledaj ga, molim te! Trideset godina se sušio u opštinskoj arhivi, izgleda kao izgladnela stenica kad izmili iz stare fascikule.

GINA: Iju!

AGATON: A da upravljaš imanjem, treba da imaš glasinu, da se izdereš; treba da imaš pesnicu, da udariš njome po stolu i advokatu i kirajdžiji i majstoru koji opravlja imanje.

GINA: Oprosti, prijatelj-Agatone, ali ja mislim, nismo došli ovde da se vređamo, već da se iskupimo oko uspomene pokojnikove, da ga ožalimo kao što priliči jednoj familiji... *(Zaplače se.)*

SARKA: Pobogu, prija-Gino, ti opet plačeš?

PROKA: Pa pustite ženu neka plače; rod joj je pokojnik pa je boli.
SARKA: Pa ima nas valjda još roda?
TRIFUN: A ima žena možda i meko srce.
PROKA: Pa ima, dabome!
SARKA: Ako je po tome, Trifune, ja baš imam meko srce; ceo svet zna da ja imam meko srce, pa eto ja ne plačem.
AGATON: Molim te, prija-Gino, da ne smatraš ti to kao uvredu što sam ja kazao za Proku. To je onako, samo primera radi. Al' ako ti to primaš srcu, evo ne moramo ni govoriti o Proki. Možemo uzeti za primer Trifuna.
TRIFUN: Ajd' baš da čujemo!
AGATON: Ajde izvol'te dati njemu da upravlja imanjem! Ajde, dajte njemu...
TRIFUN: Ne znam kao zašto ne?
AGATON: Nemoj da te to vređa, ali ovako u familiji možemo valjda biti iskreni. Zato, brate, ti ne bi mogao da upravljaš imanjem što ne ispuštaš karte iz ruke, pa ti nisu slobodne ruke da možeš da upravljaš imanjem.
TRIFUN: Nijednu tvoju paru nisam prokockao, Agatone.
AGATON: Nisi, nisi, to je istina. Ne mislim ja da bi ti prokockao nijednu paru iz pokojnikove imovine. Ne bi, ali, znaš kako je: primiš kiriju, metneš u džep, sedneš s društvom, podele ti karte i tebi padne kec. E ajd' sad, ako možeš, da ne štrpneš kiriju.
TRIFUN: A, to nikad!
AGATON: Ama ne kažem ja da bi ti to uradio od tvoje volje, ali znaš već kako je; kad imaš keca u rukama, šteta je propustiti priliku. A neka i ne bude to, neka ne dobiješ keca, neka i ne uzmeš karte u ruke, pa opet, brate, priznaćeš i sam, što ne biva ne biva.
TRIFUN: Ne znam zašto?

AGATON: E, pa zato, brate, što ti čak nemaš ni zanimanja. Otkad te znam ti si samo „ovdašnji". Trifun Spasić, ovdašnji. Nikad nisi imao nikakvo zanimanje.

TRIFUN: Ne znam i što će mi.

AGATON: Pa i ne treba ti, dabome! Zanimanje, to je samo jedan teret za čoveka. E, ali, brate rođeni, kad nemaš zanimanje, ne možeš biti staralac. Ne možeš, dabome! E onda, kad i tebe izbrišemo, ajde, reci, ko nam ostaje?

MIĆA: Kako ko, a ja? Kao da ja ne postojim?

AGATON: Postojiš, ne kažem da ne postojiš, ali postojiš nekako u vazduhu.

MIĆA: Kako u vazduhu? Kako vi to mislite?

AGATON: Onako znaš, ne mogu da ti uhvatim nikad kraj...

MIĆA: Ne vidim šta imate vi meni da hvatate kraj.

AGATON: I ostavi to, al' tebi se nekako ne drže nasledstva. Eto, nasledio si od oca lepu paru pa nekako isklizilo ti sve, sve ti se isklizilo.

MIĆA: Ja sam se od toga nasledstva školovao.

AGATON: Jesi, to ti priznajem, samo skupo je to tvoje školovanje, i što je glavno, ne vidim, znaš, šta imaš od toga školovanja. Nemaš službe, nemaš zanata, nemaš nikakve koristi.

MIĆA: Nemam, ne kažem da imam, ali, najzad, čovek se i ne školuje zato da od toga ima kakve koristi, već da bude školovan čovek.

AGATON: E vidiš, zato baš što si školovan, ne možeš da upravljaš imanjem. Drugo je škola, a drugo imanje. U školi možeš naučiti kako se pravi hemija, ali ne možeš naučiti kako se naplaćuje kirija kad kirajdžija, na primer, prekonoć pobegne i iznese stvari.

TRIFUN: Pa to, ovaj ne valja, onaj ne valja; ovaj ovo, onaj ono; drugim rečima, kad se dobro promešaju karte, izlazi da je samo Agaton sposoban da upravlja imanjem.

AGATON: Pa i jesam, Trifune! Znaš li ti šta znači to srez od 52.374 stanovnika? — 52.374 stanovnika, a ja samo viknem: „Mirno!" a svih 52.374 stanovnika stanu u front, gledaju me pravo u oči i samo trepću. — Trepću, nego! Eto, to znači upravljati, moj Trifune!

TRIFUN: Jest, kad bi kirajdžije htele da stanu u front.

AGATON: More, ću da ih uvrstam ja, ne brini ti to!

II

DANICA, PREĐAŠNJI

DANICA *(pri njenoj pojavi svi zaćute, razmenjuju samo poglede i daju jedno drugom znak da se pred njom ne govori. Danica donosi na služavniku žito i služi ih).*

SIMKA *(još pri pojavi Daničinoj gurne laktom Vidu koja sedi kraj nje i šapće joj)*: No, hvala bogu kad su se setili i da nas posluže.

AGATON *(prekrsti se, služi se)*: Bog neka ga prosti!

TANASIJE *(prekrsti se, služi se)*: Laka mu bila crna zemlja!

VIDA *(prekrsti se i služi se).*

GINA *(kad je žito došlo pred nju, zaplače se).*

SARKA: Bože, prija-Gino, ti kao da te je ko najmio.

GINA: Teško mi je! *(Prekrsti se, služi se):* Bog neka ga prosti!

MIĆA *(kad mu priđe Danica, on ustaje na noge ushićeno)*: Ko bi to rekao, u kući punoj tuge i žalosti jedan tako vedar i očaravajući pogled! *(Služi se.)*

AGATON *(Danici koja služi ostale)*: A ovaj, da nije vaša tetka bolesna?

DANICA: Ne, ali stara žena, pa sam uzela da je zamenim.

AGATON: Pa da, vi ste mlađi i, razume se...

SIMKA *(vuče ga ljubomorno za peš od kaputa te prekida razgovor).*

DANICA *(pošto ih je sve poslužila, odlazi).*

III

PREĐAŠNJI, bez DANICE

MIĆA *(pošto je Danica otišla i on je ispratio pogledom)*: Odista, lepuškasta devojčica, to se mora priznati.

SIMKA *(Agatonu)*: Što se ti, boga ti, mator, upuštaš u razgovor s njom?

AGATON: Hteo sam, znaš, onako da je ispitam malo.

SIMKA: Šta imaš da je ispituješ? Nisi ti ovde u srezu, nego na parastosu. Šta imaš tu da ispituješ?

VIDA: Pa da vidiš, Simka, pravo da ti kažem i treba ispitati. Treba da znamo, jer ovo je odista sramota što doživesmo; kraj tolikih nas, koji smo rod i familija, što kažu, pa tuđin da nas dočekuje i da nas služi.

AGATON: Šta ćeš, prija-Vido, takva je poslednja volja pokojnikova i ne možemo mimo njegovu volju.

SARKA: A kome je on to, bajagi, kazao poslednju volju?

TANASIJE: Pa jeste, njegova poslednja volja, to je testament, a testament još nije otvoren.

AGATON: I neće biti otvoren sve dok ne prođe četrdeset dana od smrti pokojnikove.

PROKA: Molim te, Agatone, ja sam baš juče pročitao zakon, a pitao sam i našega kmeta-pravnika i još neke advokate koji dolaze u opštinu, i svi mi oni kažu da nigde u zakonu ne piše da se testament otvara četrdeset dana posle smrti zaveštačeve.

AGATON: A misliš li da ja nisam raspitivao?

TANASIJE: Pa ono, svi smo se raspitivali.

AGATON: Svi, dabome! Jer, brate, ko će živ dočekati četrdeset dana. Brojim svaki dan na prste, a noću sve sanjam neke cifre sa pet nula.

TRIFUN: E, Agatone, za tih pet nula ćeš da izviniš, a što se tiče otvaranja testamenta, ja, pravo da vam kažem, i volim što ćemo počekati četrdeset dana.

AGATON: Pa jest, ti voliš da gustiraš.

TRIFUN: Pa da gustiram, dabome!

PROKA: Ostavi, boga ti, Trifuna, neka gustira; nego reci ti nama, Agatone, raspitivao si se, veliš?

AGATON: Jesam!

PROKA: Pa jesi li šta saznao?

AGATON: Kopkalo me pa sam otišao i kod samog starateljskog sudije i pitao ga: možemo li mi, kao familija, zahtevati da se testament otvori?

TANASIJE: Pa šta veli?

AGATON: Veli: možete, ali bolje strpite se; pokojnikova je želja bila da budete strpljivi.

SARKA: Lako je njemu mrtvom da bude strpljiv.

PROKA: Pa jest, pravo kaže prija Sarka; on može u grobu čekati i četrdeset godina, ali mi, brate, ne možemo.

TANASIJE: Ne možemo, dabome! Evo ja, na primer, ja ne mogu da čekam. I da hoću, ne mogu.

AGATON: E, bogami ćeš da pričekaš, jer tu svoju želju da se testament otvori četrdeset dana posle njegove smrti pokojnik nije samo onako kazao, nego je to napismeno izjavio, na zapisniku kod suda.

SARKA: Da mi je samo znati šta mu je to trebalo?

SIMKA: Baš i ja se to pitam.

AGATON: E, šta mu je trebalo? Znao je on dobro šta mu je trebalo. Pokojnik jeste bio onako plemenit i dobrotvor i čestit i sve što hoćeš, al' mu se mora priznati da je bio i veliki šeret. Znao je dobro on šta radi. Ko veli: ja ću mojoj familiji četrdeset dana, pa da sebi obezbedim tih četrdeset dana žalosti, a ne da me od prvog dana posle smrti grde i ogovaraju.

SARKA: Iju, a ko bi ga grdio?

AGATON: Pa već našlo bi se ko bi, i zato je on, vidiš, tako i udesio. Ko veli: čekaj da ja to nekako udesim bar dok se ne ohladim. Neka Agaton izvuče iz sanduka stari, crni kaput, neka istrese naftalin i neka ga ispegla; neka Tanasije obuče svoje crno odelo, ono što ga je pravio za venčanje i što ga oblači o pogrebima i o narodnim praznicima; pa neka Proka pozajmi od koga opštinskog odbornika crnu mašnu, a od pogrebnog preduzeća crni kaput; pa neka Trifun napravi tužno lice kao kad na jedanaest izvuče keca; pa neka se ovaj otmeni prijatelj Mića obuče tužno, po žurnalu; pa neka se žene ogrnu i zabrade crninom; Sarka udovica neka obuče svoju crnu haljinu u kojoj sahranjuje muževe, a Gina neka plače četrdeset dana.

GINA *(zaplače se)*.

SARKA: De pa ti, prija-Gino, to Agaton onako, primera radi.

AGATON: Pa, primera radi, dabome!

PROKA: E, to nam je pokojnik lepo udesio, bog da mu dušu prosti!

AGATON: Udesio, nego! Ko veli, neka moja familija, tako maskirana, ide četrdeset dana, kao ožalošćena porodica, neka idu za sandukom oborene glave; neka dolaze na sve parastose i neka mi pale sveće, a posle, kad se ja ohladim, nek se i oni ohlade.

TANASIJE: Pa dobro, kad već mora, neka mu bude. Čekaćemo, iako nam nije do čekanja, ali zašto za tih četrdeset dana tuđin da upravlja imanjem?

AGATON: Zato, vidiš, što je pokojnik na onom zapisniku kazao još i ovo: „A dotle, dok se ne otvori testament, celokupna moja imovina ima se predati na staranje i čuvanje tom i tom advokatu, kojega sam i testamentom označio za staraoca i izvršioca moje poslednje volje."

SVI *(negoduju)*.

AGATON: I advokat, lepo, sve popisao, zapečatio, a ovu kuću predao na čuvanje tetki, jer je pokojnikova želja bila da mu se ne zatvori kuća.

VIDA: Ama, reci ti meni, prijatelj-Agatone, kakva je to tetka?

AGATON: A zar ja znam? Znam da ovde u dvorištu ima ona mala kuća, dve sobe i kujna, što je pokojni Mata zidao pre osam godina. Znam da u toj kući još od početka sedi ta tetka. E, eto, to je sve što znam.

SARKA: A kome je ona, boga ti, tetka?

AGATON: Ovoj devojci što nas je sad poslužila. Njoj je tetka, pa je zbog toga svi tako zovu. I pokojni Mata je zvao tetkom.

VIDA: Pa otkud advokat toj tetki da preda kuću; nije valjda i advokatu tetka?

AGATON: Nije, nego bila tu u kući, negovala pokojnika, na njenim je rukama i izda'nuo, pa... tako, našla se tu.

SARKA: Dobro, to je tetka, a ova devojka? Mene, pravo da vam kažem, više buni ova devojka.

MIĆA: I mene!

SARKA: Tebe, prijatelj-Mićo, drugo buni, a mene drugo.

AGATON: Šta ima da te buni, prija-Sarka, devojka kao svaka devojka.

MIĆA: Ali se mora priznati da je lepuškasta!

SARKA: More, ostavi to, nego kaži ti meni, prijatelj-Agatone, ako znaš, kako mu onako dođe ova devojka?

AGATON: Šta znam ja? Znam, odrasla je kod tetke, uči i sad još školu, kanda filozofiju ili tako nešto... eto, to je sve što znam!

SARKA: Ako još uči školu, dobro, nego da nije ona već nešto svršila školu?

PROKA: Čini mi se, prija-Sarka, ti na ružno navijaš?
SARKA: Pa ako ćemo istinu da govorimo, pokojnik je voleo onako... kako da kažem, de... pomozite mi.
TRIFUN: Voleo je da vrdne.
SARKA: Eh, eto, to sam htela da kažem. Voleo je, bog da mu dušu prosti!
TANASIJE: E, to jeste, to mu se mora priznati.
MIĆA: To samo znači da je bio savremen čovek.
SARKA: Savremen ili nesavremen, tek voleo je. Znam tako, ja jedanput došla kod njega, pa... ali neka — bog neka ga prosti!
TRIFUN: Što? — Kaži!
SARKA: Nije lepo, mrtav čovek.
SIMKA: Pa opet, prija-Sarka, ne mogu da verujem tako nešto; ovo je i suviše mlada devojka za pokojnikove godine.
SARKA: Znaš kako je, prija-Simka, na staro drvo se kalemi mlad pelcer.
SIMKA: Pa onda šta znaš: može ova devojka imati kakvu stariju sestru, a može i tetka imati kakvu mlađu sestru.
MIĆA: Da, takva bi se kombinacija mogla uzeti u obzir.
SARKA: I ako hoćete, pravo da vam kažem: meni ova devojka, kad je čovek malo bolje zagleda, pomalo liči na pokojnog Matu.
TANASIJE: Uha, kud ti ode, prija-Sarka!
VIDA: Nemojte dvaput da kažete, ali... Kad je čovek malo izbliže pogleda. Meni je baš pao u oči njen nos, isti pokojnikov nos.
SARKA: E baš si potrefila, prija-Vido, ako je po čemu drugom, a po nosu... Pre svega, pokojnik nije ni imao nos.
GINA: Ju, Sarka, kako da nije imao nos?
SARKA: Pa imao je, ne kažem da nije imao, samo...
PROKA (*prgavo*): Ama šta ste se tu zakačili za pokojnikov nos, kao da je to glavno. Gledajte vi od čega živimo, a ostavite se nosa.

(Agatonu): Nego, reci ti nama, brate Agatone, zar ti nisi mogao onako da ispitaš kakva je to tetka?

AGATON: Ne znam, nisam dovoljno pametan! Razumem, našla se dok je bolovao, negovala ga — dobro! Umro — dobro i to! Našla se tu, pa lepo; isplati je, kaži joj hvala, pa zbogom! — Ali otkud sad dolazi tetka kao advokatov poverenik? Primio on imanje kao staralac, to razumem; to je po zakonu, je l' tako? — Ali otkud sad taj advokat da ga poveri tetki na čuvanje?

VIDA: I to sve ovako, otvoreno.

TANASIJE: Da je sve to popisano i zapečaćeno, pa ajde ajde, ali pogledaj, sve otvoreno...

AGATON: I još kad bi znali čega ti sve tu nema? Sve su sobe prepune skupocenih stvari, sve čisto srebro...

PROKA: I sve to čuva nekakva tetka.

SIMKA: Baš sramota! Što kažu, familija smo, a ne znamo ni čega ima, ni...

TANASIJE: More, što ne znamo čega ima, ni po jada, nego ne znamo čak ni kakva izgleda kuća. Znam ovu sobu, tu sam jedanput-dvaput razgovarao s pokojnikom, ali nigde dalje nisam zavirio.

AGATON: Ni ja nisam, pravo da vam kažem. Jest, bio sam i gore, kad je pokojnik bolovao, al' nisam nikad onako razgledao kuću.

PROKA: Pa niko nije... Pokojnik nije voleo da mu se dođe.

GINA: Nije trpeo familiju.

SARKA: A tetku je trpeo.

TRIFUN: Pa trpeo, dabome, jer mu nije rod.

SARKA: I, što kaže prijatelj Tanasije, eto, da me ko zapita: Ti si, Sarka, je li, blizak rod pokojnome Mati? — Jesam! — Pa dobro, Sarka, znaš li ti kako izgleda pokojnikova kuća? — Ne znam! — Koliko soba ima? — Ne znam! — Kako je nameštena? — Ne znam!

VIDA: Pa ja mislim, niko nam ne brani da obiđemo i razgledamo.

TANASIJE: I ja mislim, Agatone. Zašto da ne obiđemo i ne razgledamo kuću? Toliko valjda možemo!
SIMKA: Pa familija smo!
AGATON: Pa možemo, ne kažem da ne možemo, ali pod jednim uslovom: da pođemo svi zajedno i da se niko ne odvaja i zavlači po sobama, nego svi zajedno.
PROKA *(uvređeno)*: Ne misliš valjda?...
AGATON: Šta mislim da mislim, tek da se ne odvajamo.
TANASIJE: Pa dobro de, ne moramo se baš odvajati.
AGATON: Ja ću da vas vodim, jer opet više znam nego vi.
SVI *(priberu se oko njega)*.
AGATON: E, vidite najpre ovo ovde! *(Soba u kojoj su):* Ovo mu dođe kao neko predsoblje, a nije predsoblje. Više mu dođe kao soba, ali nije za spavanje jer je prolaz. Ovuda se ide na gornji sprat. *(Pokazuje na stepenice):* Gore je pokojnik i umro. Da pođemo najpre od te sobe u kojoj je pokojnik umro! *(Pođe ka stepenicama i svi za njim.)*
SARKA *(Gini koja opet zaplače)*: Eto ti sad, pa zašto kog đavola sad plačeš?
GINA: Kako da ne plačem, Sarka; sad ćemo videti sobu u kojoj je pokojnik umro.
SARKA: Pa plači, brate, kad vidiš sobu, a nemoj akonto da plačeš!
SVI *(odlaze uz stepenice)*.

IV

DANICA, MIĆA

MIĆA *(on je poslednji pošao uz stepenice i popeo se već na prvi stepenik, pa kad spazi Danicu, koja dolazi kroz srednja vrata, on se vrati)*: Ah!

DANICA *(donosi pun služavnik kafe, pa kad vidi da su gosti otišli uz stepenice, iznenadi se).*
MIĆA *(pristupi joj)*: Kafa? *(Uzima šoljicu):* Ja inače ne pijem, ali kad vi služite.
DANICA: A kuda su otišle gospođe i gospoda?
MIĆA: Hoće da razgledaju kuću.
DANICA: Tako!
MIĆA: Velika kuća, mnogo nameštaja, i o svemu tome vodite vi brigu?
DANICA: Ja ne — tetka, ali, dabome, stara žena, moram joj pomoći.
MIĆA: To je teško za vas.
DANICA: Pa to je samo za koji dan, dok se kuća ne preda naslednicima.
MIĆA: Dotle samo? Zar vi ne mislite i dalje ostati ovde?
DANICA: Svakojako ne.
MIĆA: Ni kad bi vam naslednik to ponudio?
DANICA: Ja ne znam, to bi tetka imala da reši.
MIĆA: Zašto tetka, to bi pre vi imali da rešite. Ako bih ja bio naslednik — a ja se tome pouzdano nadam — ja bih, vidite, želeo da vi to rešite.
DANICA: Šta da rešim?
MIĆA: Pa to, da ostanete u stanu. Zašto ne? Za vas bi to bilo vrlo ugodno, jer ste se izvesno već navikli na taj stan, a za mene, pravo da vam kažem, za mene bi bilo to vrlo prijatno imati u kući jedno tako lepo, mlado stvorenje. Zar ne?
DANICA: Hvala, to je vrlo ljubazno od vas, ali ja mislim, tetka želi da se iselimo.
MIĆA: Ali zašto, zaboga? To bi vam bio samo jedan težak izdatak. Ovde ste stanovali besplatno, pa tako bi i dalje stanovali. Zar to nije bolje za vas?

DANICA: Bolje je, ali...
MIĆA: I što je glavno, ja ne mislim tako brzo da se ženim, a sve dotle vi bi ostali u stanu.
DANICA *(iznenađena)*: Tako? A zašto samo dotle?
MIĆA: Jer, bojati se, moja bi žena mogla biti ljubomorna. Pa da, to bi bilo sasvim opravdano?
DANICA: Opravdano?
MIĆA: Pa da, zaboga, vi ste tako lepuškasti i mili, i mogu vam reći čak i da mi se dopadate, vrlo mi se dopadate. *(Pokušava da je pomiluje.)*
DANICA *(uvređeno)*: Gospodine!
MIĆA: No, no, no, ne morate se srditi.
DANICA *(u uzbuđenju)*: Otkud vam ta sloboda?
PORODICA *(nailazi niz stepenice)*.
MIĆA: Rekao sam vam, dopadate mi se. To je valjda slobodno reći jednoj mladoj i lepoj devojci. Uostalom, kad budem imao prilike, ja ću vam stvar objasniti. Videćete, stvar je vrlo jednostavna.

V

PORODICA, PREĐAŠNJI

AGATON *(ispred ostalih)*: A, a... kafa! Dockan malo, ali možemo i ovako s nogu! *(Uzme šolju i u dva gutljaja ispije i nastavi put.)*

TANASIJE *(ide za Agatonom, uzima šolju i srkne)*: Koliko samo da srknem. *(Odlazi za Agatonom.)*

SIMKA *(ide za Tanasijem)*: Hvala, ja pred podne ne pijem kafu. *(Odlazi za Tanasijem.)*

PROKA *(ide za Simkom)*: Hvala, ja ne pijem kafu. *(Odlazi za Simkom.)*

VIDA *(srkne pa odmah ostavi šolju)*: Juh, pa ovo hladno kao led. *(Odlazi za Prokom.)*

TRIFUN *(uzima šolju)*: Ja ću poneti, pa usput. *(Odlazi noseći šolju.)*

GINA *(uzdišući)*: Hvala, nije mi do kafe! *(Odlazi za Trifunom.)*

SARKA *(ide za Ginom)*: Hvala, ja ne smem da pijem kafu zbog uzbuđenja. *(Odlazi za Ginom.)*

MIĆA *(polazeći za Sarkom, Danici)*: Videćete, stvar je vrlo jednostavna!

PORODICA *(zamakne levo)*.

VI

DANICA, ADVOKAT

DANICA *(ostaje nasred sobe sa punim služavnikom i gleda za njima)*.

ADVOKAT *(nailazi)*: Dobar dan! O, kako je to lepo; dočekujete me punim rukama.

DANICA: Pa razume se, kad imam punu kuću gostiju. *(Ostavlja služavnik na najbliži sto.)*

ADVOKAT: Kakvi su vam to gosti?

DANICA: Pa porodica pokojnikova; svratili, po običaju, sa parastosa svi ovamo. Preporučili ste nam, tetki i meni, da budemo prema njima predusretljivi i ljubazni.

ADVOKAT: Pa ta vas ljubaznost ništa ne košta.

DANICA: O, košta vrlo skupo.

ADVOKAT: ???

DANICA: Košta me uniženja.

ADVOKAT: Vređaju vas?

DANICA: Ne, jer se ja i ne obzirem na njihova podmigivanja, šaputanja i njihove omalovažavajuće poglede... sve me se to ne tiče, ali uniženje koje sam maločas doživela...

ADVOKAT: Šta je to bilo?

DANICA: Jedan od te gospode iz porodice, koji veli da je naslednik, bezočno mi je ponudio da ostanem besplatno u stanu sve dok se on ne oženi.

ADVOKAT: Vrlo plemenit gospodin! A šta ste mu vi odgovorili?

DANICA: Da nije bilo vaših uputstava da budemo prema njima pažljivi, ja bih već znala šta bih mu odgovorila.

ADVOKAT: Dobro ste ipak učinili što ste se uzdržali, jer najzad, šta znate, možda taj čovek nije time hteo da vas vređa.

DANICA: Ali kako?

ADVOKAT: Možda on ima kakve ozbiljne namere?

DANICA: Pa šta ako bi imao ozbiljne namere?

ADVOKAT: Pa recimo, ako bi on bio odista naslednik.

DANICA *(uvređeno)*: Zar vi odista niste mogli steći bolje mišljenje o meni?

ADVOKAT: Bože moj, neka vas to ne vređa, ali, znate kako je, bogatstvo ipak mora pokolebati čoveka.

DANICA: Tako? Znači, i vi se ne osećate jaki pred bogatstvom?

ADVOKAT: To nisam kazao.

DANICA: Kako da niste?

ADVOKAT: Uostalom, advokati i lekari ne primenjuju na sebe mišljenje i savete koje drugima daju.

DANICA: I vi se, mislite, ne bi pokolebali pri susretu sa kakvom bogatom naslednicom?

ADVOKAT: Verujte, ne, čak kad bih tu devojku i voleo, jer sam uveren da bi ona uvek sumnjala u čistotu mojih pobuda.

DANICA *(u razgovoru zavukla je slučajno ruku u džep i napipala tamo ceduljicu koju iznosi)*: Eto, eto opet. Vi uvek tako nekako zavedete razgovor da ja zaboravim ono što je najvažnije. Otkad mi stoji u džepu ova ceduljica na kojoj je tetka napisala račun o utrošku onog novca što ste joj dali.

ADVOKAT: Pa imamo vremena za to.
DANICA: Ipak, da svršimo. Tetka me je naročito molila.
(Čuju se glasovi iz sobe.)
ADVOKAT: To su izvesno oni? Ja nisam rad da me sretnu ovde.
DANICA: Zašto?
ADVOKAT: Ta, dosadili su mi. Nemam mira od njih ni u kancelariji ni kod kuće.
DANICA: Pa to ih vi poznajete?
ADVOKAT: Da, upoznao sam ih. Ranije ih nisam nikad ni video. To su obični ljudi neznani i skriveni, ali kad tako padne kakav testament bogatoga pokojnika, oni se pojave i zađu od advokata do advokata i po ceo dan dređe pred vratima starateljskog sudije.
DANICA: Izgleda da su svi bliski rod pokojniku!
ADVOKAT: Da, verovatno, ali će posle otvaranja testamenta biti to u srazmeri prema svoti koju im je pokojnik ostavio. *(Čuje se galama):* Evo ih! Ja ću se radije udaljiti. Do viđenja! *(Pođe.)*
DANICA: A tetkini računi?
ADVOKAT: Rekao sam vam već, imamo vremena za to! *(Ode.)*
DANICA *(uzima ponovo služavnik).*

VII

PORODICA, DANICA

AGATON *(izlazi prvi iz sobe a za njim svi ostali. — Prolaze i odlaze u zadnju sobu iz koje će dalje po kući cunjati, tako da će se u idućoj sceni još jednom pojaviti te videti kroz staklena vrata kako prolaze kroz hodnik. Ovom prilikom prelazeći preko scene i ne obziru se na Danicu).*

TRIFUN *(prolazeći kraj Danice, ostavlja šolju od kafe koju je usput ispio).*

MIĆA *(prolazeći kraj Danice)*: Vi ste još uvek tu, to je tako prijatno! *(Odlazi sa ostalima.)*

VIII

DANICA, TETKA

TETKA *(dolazi kroz srednja vrata)*: Gde si, dete, zaboga, što se zadrža toliko?
DANICA: Pa eto, nisam još ni poslužila goste.
TETKA: A gde su gosti?
DANICA: Eno ih, šetaju po kući, razgledaju.
TETKA: Što ne ispiše bar kafu?
DANICA: Nudila sam ih.
TETKA: Je l' nailazio, boga ti, advokat?
DANICA: Jeste!
TETKA: Pa jesi li mu pokazala račun?
DANICA: Htela sam, bogami, tetka, ali je to neki čudan čovek. Uvek razgovara o drugim stvarima.
TETKA: Ne volim, znaš, da držim tuđ novac, a da ne predajem račun.
DANICA: Da te pitam nešto, tetka?
TETKA: Pitaj!
DANICA: Kad ovu kuću primi naslednik, mi nećemo, je li, ostati dalje ovde u stanu?
TETKA: Pa nećemo!
DANICA: A gde ćemo?

TETKA: Pa videćemo!
DANICA: Ja bih tako volela da se vratimo u onaj stari stan. Bila je, istina, mala kuća, ali smo imali bašticu, a posle, ne znam, ali mi se tamo dopadalo, možda i zato što sam skoro celo detinjstvo provela u toj kućici.
TETKA: Ta je kuća porušena još odmah čim smo se mi iselili. Ima tome već osam godina.
DANICA: A pre te kućice gde smo stanovali?
TETKA: Zar se ne sećaš?
DANICA: Sećam se, ali kao kroz san. Malo, popločano dvorište, jedno drvo, i... Tada je mama još bila živa, je li?
TETKA: Jeste!
DANICA: A tata?
TETKA: On je davno, vrlo davno umro. Njega nisi mogla upamtiti. Ali otkud danas da me pitaš o tim stvarima?
DANICA: Tako, palo mi na pamet. Malopre je jedan od naslednika govorio sa mnom o našem stanu, pa meni pala na pamet ona kućica.
TETKA: Ostavi, dete, tu brigu; imamo dosta drugih na vratu. Nego, uzmi ti taj služavnik pa ajde. Kafa se potpuno ohladila, a veliš, neće ni da je piju.
DANICA: Pa jest! *(Uzima služavnik i polazi sa tetkom):* Ne znam zašto bi ih čekala?
TETKA *(ode s Danicom).*

IX

PORODICA

AGATON *(dolazi iz zadnjih vrata i svi za njim)*: E, eto, videli ste.
VIDA: Bogatstvo, pravo bogatstvo.

TANASIJE: Taj je znao zašto je živeo.

SARKA: Ah, onaj srebrni budilnik!

SIMKA: A čiraci, šta kažeš za one srebrne čirake?

SARKA: Meni se budilnik dopada. Navikla sam; nikada ga nisam imala u kući, ali navikla sam.

TRIFUN: Pa kako si kog đavola navikla kad ga nisi imala?

SARKA: Moj prvi muž spavao je kao top, bog da mu dušu prosti, ali drugi, budio me je po nekoliko puta noću; pravi budilnik. Pa eto, kraj njega sam se navikla.

GINA: A šta veliš, Simka, za onaj servis; čisto srebro, za dva'es' četiri osobe.

SIMKA: Ti se, Gino, kanda zaplaka kad vide taj servis?

VIDA: Bože moj, čega ti tu nema, i sve to da čuva tuđin, nekakva tetka.

MIĆA: I njena sestričina.

VIDA: More, ostavi ti sestričinu, nego, ja bih, Agatone, nešto rekla.

AGATON: Pa reci!

VIDA: Rekla bi' da mi kao familija treba da vodimo računa o ovoj kući i o ovome imetku, a ne tuđin.

TANASIJE: Pa razume se! Jer, reci ti meni, Agatone, ko nama garantuje za tu tetku?

GINA: Ko zna koliko je stvari dosad već izneto iz kuće?

VIDA: A koliko će se tek izneti dok prođe četrdeset dana.

SARKA: Ju, moj budilnik!

TRIFUN: Uha, kad pre tvoj?

TANASIJE: More, ima tu vrednijih stvari od budilnika.

VIDA: Ja velim, prijatelj-Agatone, da se kogod od nas useli u kuću, da sačuva ovo.

SARKA: Pa jest, eto, mogla bih ja.

VIDA: A što baš ti?

SARKA: Pa udovica sam, slobodna sam, lakše mi je nego vama.
SIMKA *(Agatonu nasamo)*: Čuješ li ti, Agatone, ovaj razgovor?
AGATON: Čujem.
SIMKA: Pa nećeš valjda pustiti da se ko drugi useli? Ako se treba useliti, ti si najpreči.
AGATON: Ama, to baš i mislim nešto.
SIMKA: Nema šta da misliš, nego da požurimo, ako nećeš da nas ko preteče.
AGATON: Gotovo!
SIMKA: Ama nemoj „gotovo", nego ajde, jer, bojim se, useliće se Gina.
AGATON: Hoće! Ajde da se nekako izvučemo. *(Glasno):* Pa ja i Simka odosmo. Nema šta više da sedimo. Poslužili smo se, popili smo kafu, pregledali smo kuću, nema zašto više da sedimo. Ajde, Simka, da pođemo. Ostanite zbogom.
SIMKA: Zbogom!
AGATON I SIMKA *(odu)*.

X

PREĐAŠNJI, bez AGATONA i SIMKE

SARKA *(pošto su otišli)*: Ama, videste li vi: ovi nešto šuškali, šuškali, pa odjedanput odoše?
GINA: I meni to pade u oči!
VIDA *(prilazi Tanasiji, poverljivo)*: Evo, seci me gde sam najtanja ako ne znam šta su šaputali Agaton i Simka.
TANASIJE: Ama i ja bih kao rekao.
VIDA: Hoće da se usele, videćeš, hoće da se usele ovde.
TANASIJE: Pa sad, šta mu možeš, i bolje neka se useli neko od naših.

VIDA: Pa ako treba neko od naših, ti si valjda najpreči.
TANASIJE: Pa jest', al' eto, kad će već Agaton...
VIDA: Pa ono po tebi, kakav si, može ti Agaton i glavu pojesti. Ne slušam ja tebe, nego ću kući, da spakujem malo prnjica, a i ovi da se raziđu, pa evo mene, a ti, ako hoćeš, dođi! *(Glasno):* Pravo kaže Agaton, nema šta više da čekamo. Ajde, Tanasije, ajdemo. Bogami, jedva čekam da odem kući da se odmorim. Ajde, zbogom ostajte. *(Ode.)*
TANASIJE: Pa jest, da se odmorimo. Zbogom! *(Ode za Vidom.)*

XI

PROKA, GINA, TRIFUN, MIĆA, SARKA

SARKA: Ama, šta je ovo ljudi, sve neka šaputanja?
GINA: Baš, gledam ih pa se čudim.
SARKA: Ne volim, znaš, kad tako u familiji počnu šaputanja.
GINA: Pa nije ni lepo, da vidiš.
SARKA: Jer familija, dok se glasno grdi, svađa i ogovara, dotle se može reći da je to familijarna iskrenost i ljubav, ali kad počne da šapuće!
MIĆA: Pravo da vam kažem, prija-Sarka, i ja ne volim šaputanje. To nije otmeno.
SARKA: Pa nije, dabome! Eto tako, zbog nekog šaputanja, mene mal' nije oterao prvi muž. A zar bi to bilo otmeno da me je oterao?
TRIFUN: Još kad bi vi znali šta oni šapuću?
GINA: A ko će ih znati.
TRIFUN: Znam ja ako vi ne znate.
SARKA: Pa reci i nama.
TRIFUN: Odoše oni da se spreme pa da se usele ovde.
GINA: Šta kažeš?

TRIFUN: To što ti kažem!
PROKA: Ima pravo Trifun, to je i ništa drugo. Evo glave da će se Agaton useliti.
TRIFUN: E, ako će Agaton, onda ću i ja, bogami!
SARKA: A što ti opet?
TRIFUN: Pa Agaton će se useliti, je li, da čuva ove stvari da se ne raznesu i da se ne pokradu, a ja ću da se uselim da te iste stvari čuvam od Agatona. Poznajem ja njega dobro.
PROKA: Pravo kaže čovek.
TRIFUN: I neće me preteći, vala! Useliću se ja pre njega! Odoh ja! *(Ode.)*

XII

PREĐAŠNJI, bez TRIFUNA

GINA: Pa to će ceo svet da se useli?
SARKA: Čudo nećeš i ti, prijatelj-Mićo?
MIĆA: Ama ko kaže da neću! Ako je čija dužnost da se nađe ovde kao čuvar, onda sam to ja na prvom mestu.
SARKA: A da l' misliš ti da čuvaš stvari ili sestričinu?
MIĆA: Uostalom, priznajte, prija-Sarka, lepuškasta je.
SARKA: Priznajem, de!
MIĆA: Odoh ja po moj kuferčić. Biću ja ovde pre svih ostalih. *(Ode.)*

XIII

PROKA, GINA, SARKA

GINA: Ju, ju, ju, pa to će cela familija da se useli u kuću?
SARKA: Cela, dabome!

GINA *(Proki)*: A mi, zar koji smo najpreči?
PROKA: Pa ja mislim, Gino, i mi da se uselimo.
GINA: Da se uselimo, Proko, dabome, da se uselimo. Biće mi nekako tuga i, što kažu, jednako ću se sećati pokojnika... *(Zaplače.)*
SARKA: Ama, prija-Gino, zašto sad plačeš zato što ćeš da se useliš? Dok ti plačeš, Agaton će da zauzme sve sobe.
GINA: Pravo kažeš! Ajde, Proko! *(Pođe):* A ti, Sarka?
SARKA: Ja neću da se naturam. Doći ću i ja, samo docnije, pa ako bude mesta i za mene, dobro, a ako ne bude, vratiću se svojoj kućici. Nema šta da brinem kad ste vi toliki tu.
GINA: Pa jes', pravo kažeš. Zbogom, Sarka.
SARKA: Zbogom pošla!
GINA *(sa Prokom ode)*.

XIV

SARKA, DANICA

SARKA *(pošto ostane sama, pođe desno u sobu, naviri pa pređe u levu sobu. Usput već skida šešir i mantil)*.
DANICA *(ulazi, i kad vidi da nema nikoga, čisto odahne dušom)*.
SARKA *(proviruje na vrata, komotna, razgolićena)*: Je l' te, molim vas, ima li ovde u kući kakvih papuča?
DANICA *(zgrane se)*: Vi ste ovde?
SARKA: Pa da, izabrala sam ovu sobu, tu sam se smestila, ali ne mogu tek ići po kući bez papuča.
DANICA *(očajno krši ruke)*: Gospode bože!

DRUGI ČIN

Ista soba.

I

SARKA, MIĆA

SARKA *(u muškom kućnom šlafroku, na nogama joj ogromne muške papuče; sedi na divanu i pušeći cigaretu razgleda jedan album).*
MIĆA *(dolazi spolja, nosi jedan kuferčić)*: Gle, pa vi ste već tu, prija-Sarka?
SARKA: Nisam ja već tu, nego nisam ja ni odlazila odavde.
MIĆA: Ostali ste?
SARKA: Ostala, dabome! Nije nego da mi drugi uzme ovu sobu sa balkonom. Željna sam da vidim malo sveta.
MIĆA: Ja sam morao otići do kuće da uzmem najpotrebnije stvari.
SARKA: Ama, kakve stvari, neću valjda ovde vek vekovati. Procunjala sam malo po kući pa našla pokojnikov šlafrok i papuče, pa eto, šta mi fali?
MIĆA: A je l' još ko došao?
SARKA: Svi su došli.
MIĆA: Ama zar svi?
SARKA: Pa svi, dabome!
MIĆA: I zauzeli sobe?

SARKA: Zauzeli, nego! Eto, tu su, u toj sobi, Agaton i Simka. Ovde sam ja.

MIĆA: A ovamo?

SARKA: Tamo je Tanasije sa Vidom.

MIĆA: A Proka?

SARKA: On je tamo, iz dvorišta, a Trifun u onoj maloj sobi gore.

MIĆA: Pa gde ću ja?

SARKA: Jedino još nije zauzeta pokojnikova soba, ona gde je umro.

MIĆA: Pa meni, uostalom, ta soba i pripada.

SARKA: Možeš tamo, samo ako se ne bojiš.

MIĆA: Čega da se bojim?

SARKA: Pa, velim, da ti se nešto ne javi pokojnik noću u snu.

MIĆA: Neka mi se javi. Ja bih čak i voleo da mi se javi. Pravo da vam kažem, prija-Sarka, i voleo bih da progovorim s njim onako, u četiri oka.

SARKA: Baš, prijatelj-Mićo, da te nešto zamolim. Ako ti se javi pokojnik, zapitaj ga, tako ti boga: kako mu padaju rod ovaj Agaton i Simka? Ovde mi se popeše sa svojim srodstvom.

MIĆA: Ne brinite vi, prija-Sarka, zapitaću ja i za Agatona i za mnoge druge *(penjući se uz stepenice):* jer sad su svi bliski rod, kao da ja ne postojim. *(Ode.)*

II

SARKA, GINA

GINA *(dolazi spolja vrlo oprezno, okrećući se levo i desno i ne videći Sarku. Ona na prstima prelazi preko scene, noseći pod miškom veliku crnu kutiju u kojoj je srebrn servis).*

SARKA *(okrene se i spazi je):* Otkud ti, Gino?

GINA *(preplašeno cikne, stavi odmah kutiju za leđa i nasloni se na zid na kutiju, da bi mogla osloboditi ruke)*: Iju! Iju!...
SARKA: Šta ti je, more?
GINA *(užasno uzbuđena)*: Ju, tako sam se prepala!
SARKA: Šta imaš da se prepadneš, nisam ja pokojnikov duh. A odakle ti, boga ti?
GINA: Otuda... bila malo... izišla sam malo iz sobe kao da se prošetam, pa svratila u trpezariju da obrišem prašinu.
SARKA: Ju, prija-Gino, što da brišeš, valjda ima u ovoj kući ko da briše prašinu?
GINA: Pa ima, nije da nema, i ubrisano je, nije da nije ubrisano, ali ja tako navikla.
SARKA: Jeste, pravo da ti kažem, i ja tako! Volim ti u tuđoj kući ubrisati nego ne znam šta da mi daš.
GINA: Pa to znaš, te i zadržah se tamo. Gledam, bože, one stvari, pa sve me podseća na pokojnika. Gledam onu stolicu na kojoj je sedeo, pa tanjir, pa nož, viljušku, pa me sve guši tuga; pa pogledam slanik pa mi pade na pamet: bože moj, pokojnik je, koliko juče, umakao u taj slanik... *(Zaplače se.)*
SARKA: Eto ti sad, pa ne moraš ti zato plakati što je on umakao u slanik.
GINA: Pa ne moram, al' tako, kad se setim, a mene guši.
SARKA: Ostavi, boga ti, to, nego šta je tebi, ženo, te si se prilepila uz taj zid kao taksena marka?
GINA *(zbunjeno)*: Kako da ti kažem... ovaj, i nisam se prilepila, nego tako, naslonila se; oduzele mi se nešto noge pa se naslonila malo.
SARKA: Pa idi u sobu, lezi.
GINA: Ne mogu, ne mogu da maknem.
SARKA: Da te povedem?
GINA: Neka, idi ti u svoju sobu pa ću ja već lako.

SARKA *(prilazi joj)*: Kako da idem, zaboga, a tebe da ostavim tako uza zid. *(Hoće da je obuhvati rukom):* 'Odi, nasloni se na mene!

GINA *(očajno)*: Ne, ne, ako boga znaš!

SARKA: Ju, crna Gino, šta ti je to za leđima?

GINA *(prestravljeno)*: Koje?

SARKA *(izvuče kutiju)*: Ovo!

GINA: To? Izgleda kao da je neka kutija.

SARKA: Nije kutija, nego srebrni servis, Gino!

GINA: Biće, veruj, biće servis, kad ti tako kažeš.

SARKA *(otvori kutiju)*: Pa servis, dabome!

GINA: Iju, iju, iju, ko bi to rekao?

SARKA: Ama šta: ko bi rekao?

GINA: Pa to; ja sam mislila, kutija.

SARKA: More, ostavi šta si ti mislila; nego zar ti, tako ti boga, ništa manje nego srebrni servis?

GINA: Tako mi boga, Sarka, uzela sam ga koliko uspomene radi. Ti znaš koliko ja žalim pokojnika.

SARKA: Znam, kako da ne znam.

GINA: Pa velim, za toliku žalost pravo je da uzmem kakvu sitnicu za spomen.

SARKA: Pa kad si htela sitnicu, što ne uzede slanik, kad te je on i inače ražalostio, nego čitav servis?

GINA: Pravo da ti kažem, Sarka, uzela sam da ga sklonim. Vidim onog Agatona, zašao sa Simkom po kući, cunja na sve strane. Rekoh, ako Agaton spazi ovaj servis... Znaš ga već kakav je, a ima pik na srebrne stvari.

SARKA: To je istina! *(Seti se):* Ju, pa on bi mogao i moj budilnik da skloni.

GINA: A u kojoj je sobi taj budilnik?

SARKA: Baš u njegovoj.

GINA: E, onda da znaš, taj budilnik je već u njegovom kuferu.

SARKA: Šta kažeš?
GINA: To što ti kažem!
SARKA: Vala, neće mi ga majci oteti pa makar se rvali. Je l' reče da su Agaton i Simka tamo negde?
GINA: Tamo dabome!
SARKA: Dobro, Gino, nosi ti ovu sitnicu radi uspomene i skloni je u tvoj kufer, da nešto ne naiđe Agaton, a ja već znam šta ću.
GINA *(polazeći)*: Samo, Sarka, znaš kako je, ovakve stvari ne treba razglašavati.
SARKA: Ne brini, de; znam ja šta je to familijarna tajna.
GINA: Pa jeste, to treba da ostane međ' nama. *(Ode noseći kutiju.)*

III

SARKA, AGATON, SIMKA

SARKA *(obzire se levo i desno pa kad vidi da nema nikoga, a ona pažljivo odlazi u Agatonovu sobu).*
AGATON *(nailazi sa strane, za njim Simka. On ide kruto, jer je pod leđa od kaputa metnuo veliki srebrni služavnik koji donjim krajem viri).*
SARKA *(izlazi iz njihove sobe noseći u džepnu maramicu uvijen neki predmet. — Nju neprijatno iznenadi susret sa Agatonom i Simkom i zbuni se, te strpa paket u šlafrok).*
SIMKA: Gle, otkud ti u našoj sobi?
SARKA: Htela sam, znaš, da obrišem prašinu... ama nije, kakvu prašinu, šta ja govorim? Nego, ne znam gde sam ostavila papuče?
AGATON: Pa eto ih na nogama.
SARKA *(pogleda)*: Gle, istina!
SIMKA: Pa istina, dabome, i ne znam samo šta imaš u mojoj sobi da tražiš papuče?

SARKA: Bože, Simka, pa nismo, da kažeš, tuđini, pa da ne mogu da ti dođem. Toliko valjda mogu da ti uđem u sobu i da mi uđeš u sobu.

SIMKA: Svoji smo i dođi mi kad sam ja u sobi, a nemoj mi se zavlačiti kad ja nisam tu.

SARKA: Bože, Simka, ne misliš valjda da sam ušla ne znam zašto?

AGATON: Pa nisi, samo znaš, taj paket...

SARKA: Prigladnela sam pa uzela dve zemičke, eto ti.

AGATON: Pa što tutnu zemičke pod kaput kad nas vide?

SARKA: Izgleda kao da ti nešto sumnjaš? E, jesi čuo, Agatone, tome se nisam nadala od tebe. Nisam valjda... ne boj se, nisam ja od takvih; pre bih dala da mi se odseku prsti no što bi' se tuđe stvari dotakla. *(U tome trenutku budilnik pod Sarkinim šlafrokom zazvrji strahovito glasno. Ona prebledi, prestravi se, zbuni, uzvrda se i cikne)*: Iju, iju, iju!

SIMKA: Šta ti bi, ženo?

AGATON: Ama ti kao da nešto zvoniš, Sarka?

SARKA *(pritisne budilnik, guši ga, ali ne pomaže)*: Otkud zvonim, šta imam da zvonim?

AGATON: Zvoniš, bome, te još kako!

SARKA: Ama nije, kad ti kažem; nisam ja valjda električna baterija pa da zvonim.

AGATON: Evo, slušaj, Simka.

SIMKA *(priđe bliže Sarki, da čuje)*.

SARKA *(da bi zagušila glas budilnika, peva)*: Traj la, la, la! Traj, la, la!

SIMKA *(krsti se)*: Bog te video, Sarka, pevaš u ovoj kući?

SARKA *(užasno zbunjena)*: O, gospode bože! *(Obzire se levo i desno i najzad u očajanju baca paket na fotelju pa klonulo i malaksalo seda na njega, ne bi li mu prigušila glas. Utom budilnik prestaje*

zvrjati; ona se umiri i gleda očajno čas Simku, čas Agatona): Ama, šta to bi, pobogu, ljudi?
AGATON: Zvonila si, Sarka; eto to je bilo, zvonila si.
SIMKA: I pevala si.
SARKA *(krsti se)*: Neka je daleko od nas, al' biće da su to neki duhovi.
AGATON: Nisu to duhovi, Sarka, nego budilnik.
SARKA: Ju, kakav budilnik?
AGATON: Pa taj što sediš na njemu.
SARKA: Šta imam da sedim na budilniku; nikad u životu nisam sedela na budilniku, pa sad ću.
AGATON: Ja ti govorim o onome budilniku što si ga uzela iz naše sobe.
SARKA: Iju!
SIMKA: Bože moj, ko će kao bog! A ja kažem jutros Agatonu: navij, boga ti, taj budilnik, da ga čujemo kako zvoni.
SARKA: E, pa eto, čula si sad!
SIMKA: Pa čula sam, dabome!
AGATON: Sramota, Sarka, moram ti reći, sramota! Mi nismo došli ovde u kuću da pljačkamo, nego da čuvamo pokojnikovu imovinu, a ti... Ajde, boga ti, Simka, ostavi je! *(Pođe ljutito i zaboravljajući da mu je služavnik za leđima, okreće Sarki leđa.)*
SARKA *(spazi služavnik)*: Čekaj, čekaj, prijatelj-Agatone. Sve hoću da te zapitam, pa mi nekako ne dade da dođem do reči: ama šta je tebi, čoveče, pa si se ukrutio kao mlada na viđenju?
AGATON: Ne znam, stegao me neki reumatizam u leđima.
SARKA: Pa vidim ja već to da je reumatizam, samo rekla bih da je srebrni reumatizam.
AGATON: Ako je i srebrn, ali bar ne zvoni.
SARKA: Pa ono ne zvoni, ali ako ja povučem uže, mogu zazvoniti sva četiri zvona sa saborne crkve.

AGATON: Ti imaš da ćutiš!

SARKA: Pa ćutaću, de, samo htedoh da ti kažem, što reče ti maločas, nismo mi došli u ovu kuću da pljačkamo, nego da čuvamo.

AGATON: Pa da čuvamo, dabome! Zato sam ja i uzeo ovo, nego zašto?

SARKA: Pa zato, dabome!

AGATON: I nije da sam se ja uvlačio u tuđe sobe pa da uzmem, nego sasvim slučajno, više onako usput.

SARKA: Pa jest, što kažeš.

AGATON: Pođemo ja i Simka malo u baštu da uzberemo koji cvetić, pa tako pođemo u baštu pa svratimo u trpezariju, i ja tamo spazim ovaj služavnik, pa kažem Simki: Zašto da idemo u baštu da uzberemo cveće, bolje je da uzmemo ovaj služavnik.

SARKA: Pa bolje, dabome!

AGATON: I jeste! Rekoh, bolje, Simka, da ponesemo služavnik. A evo i da ti kažem zašto je bolje. Drugome ne bi' ali tebi ću da kažem. Vidiš i ovaj Trifun, on bi bio kadar, kad bi se dočepao ovoga služavnika, da ga odnese pravo u Založnu banku, samo da ima čime da se kocka. I ovo što sam ja uzeo ovaj služavnik, može se reći da sam ga spasao.

SARKA: Pa jest, što kažeš, i ja sam budilnik spasla.

AGATON: Pa dobro de, neka ti bude. Samo, znaš, Sarka, o tome ne treba da se čuje, jer ako navale svi da spasavaju...

SIMKA: Kakvi su, razgrabili bi celu kuću!

AGATON: Zato, ajde svako u svoju sobu pa da se rastovarimo.

SARKA *(koja još uvek sedi na budilniku, ustaje)*: Ajde, bome, jer ja se nažuljih kao niko moj. *(Razilaze se svako u svoju sobu.)*

IV

MIĆA, DANICA

MIĆA *(silazi niz stepenice dolazeći iz svoje sobe)*.
DANICA *(dolazi istovremeno sa sredine)*.
MIĆA: Kakvo prijatno iznenađenje! U novome stanu pa prvi susret sa vama!
DANICA: U kome novom stanu?
MIĆA: Pa i ja sam se uselio ovde.
DANICA *(zaprepasti se)*: I vi?
MIĆA: Kako „i ja"? Pa ja na prvom mestu, ja pre no svi ostali.
DANICA: Ama šta je to, zaboga, šta se to dešava ovde, kao da je pusta kuća?
MIĆA: Odista, navalili svi.
DANICA: Sirota tetka, razbolela se od jeda, a i ja...
MIĆA: Ne vidim zašto se morala razboleti zbog toga?
DANICA: Pa kako, zaboga? Ovo je... ja prosto ne mogu da pojmim kako su se gospoda i gospođe mogli useliti. Je li ko pitao advokata; je li on to odobrio? Jeste li vi, na primer, pitali advokata?
MIĆA: Kako, ja da pitam advokata? Šta imam ja da pitam advokata? On bi mogao mene da pita: Želite li, gospodine, da se uselite u kuću? On mene, a ne ja njega.
DANICA: Pa je li vas pitao?
MIĆA: Nije, ali ne mora me ni pitati; ni ja njega, ni on mene.
DANICA: Ja ne znam zbilja šta da radim.
MIĆA: Budite spokojni. Jedna tako lepuškasta devojčica ne treba da se jedi.
DANICA: Nije nego valjda ravnodušno da gledam sve ovo šta se dešava.

MIĆA: Ravnodušno, ne. Eto, i ja kad sam kraj vas, nisam ravnodušan. I kad bi hteli da mi date prilike, vi bi se uverili da ja nisam ravnodušan prema vama.

DANICA: Gospodine, ja sam vas već jedanput opomenula na učitivost. Ako vam to nije dovoljno, ja umem i drukče da vas opomenem.

MIĆA: Bože moj, bože moj, tako lepa devojka, a tako gruba. Pa, zaboga, mi bi se morali nekako sporazumeti; sedećemo zajedno, u istoj kući, takoreći pod istim krovom.

DANICA: Varate se, gospodine, nikad pod krovom u kući gde ste vi.

MIĆA: Ne mislite se valjda seliti?

DANICA: I to ću učiniti, ali pre toga idem advokatu da mu saopštim šta se sve ovde dešava.

MIĆA: Šta se to njega tiče?

DANICA: Meni je poznato da je on staralac, da on vodi brigu o kući, pa će on najbolje i znati može li se od ove kuće praviti logor. *(Ode.)*

V

MIĆA, AGATON, SIMKA

MIĆA *(gleda za njom, seda, pali cigaru)*.

AGATON *(vraća se iz sobe, za njim Simka)*: Gle, i ti si tu?

MIĆA *(uvređeno)*: Kako to: gle, i ti si tu? Može biti ja bih pre vama mogao reći: gle, i vi ste tu?

AGATON: More, ja i ti, ništa; nama i jeste mesto ovde, ali skrkala se cela familija.

MIĆA: Zar baš svi?

AGATON: Pa svi, dabome! Eto tu, u toj sobi je Sarka. Po ceo dan sedi na balkonu, a ako i iziđe iz sobe, ona zvoni. Tamo su Tanasije i Vida, po ceo dan sede u sobi i izračunavaju svakome od nas stepen srodstva sa pokojnikom. Tamo su opet Proka sa Ginom. Uzeli onu sobu gde stoji pokojnikova kasa, i Gina po ceo dan plače kraj kase. A tamo je gore Trifun; našao u trpezariji jedan stari špil karata pa sam samcit igra a deli udvoje.

SIMKA: A koju si sobu ti uzeo?
MIĆA: Ja? Onu koja mi i pripada. Uzeo sam pokojnikovu sobu.
SIMKA: Pa tamo još gori kandilo?
MIĆA: Ja sam ga, bome, ugasio.
SIMKA: Kako da ga ugasiš, zaboga? Pa to je gorelo za dušu pokojnikovu!
AGATON: Pa ako, Simka, gorelo je nedelju dana pa šta će mu više.
MIĆA: Dabome!...

VI

GINA, PREĐAŠNJI

SIMKA *(pri pojavi Gininoj)*: Baš ovaj čas kažem prijatelj-Mići: ova naša prija Gina zavukla se u sobu pa po ceo dan plače.
GINA: Šta ću, ko će ožaliti pokojnika ako neću ja.
AGATON: A gde ti je Proka?
GINA: On ode u opštinu da potraži pravnoga referenta da ga pripita: imamo li mi prava da se uselimo ovde u kuću?
AGATON: A šta ima to da pita?
MIĆA: To se samo po sebi razume.
SIMKA: I što ne zapita Agatona. Agaton zna te zakone.

GINA: Pa vi i ne znate šta je sve bilo; došli ste na gotovo, kad je Proka već osvojio kuću.
MIĆA: Kako osvojio?
GINA: Ne znate vi kako je nas dočekala ona tetka, jer mi smo prvi stigli.
SIMKA: A šta ima ona tu da se meša?
GINA: Dočekala nas je kao da smo neprijatelji, a ne familija. Nije nam htela dozvoliti da se uselimo u kuću; veli: njoj je poverena kuća pa ona ima i da je čuva.
SIMKA: Vidiš li ti, molim te, kako se ona pravi gazda na tuđem imanju.
GINA: Zaključala kuću pa nas ne pušta.
SIMKA: Pa kako uđoste?
GINA: Hvala bogu, Sarka je bila u kući, pa nam ona iznutra otvori, a Proka bome gurnu onu tetku laktom, te ona ode preteći, veli, javiće policiji. Eto zašto je Proka otišao da se propita.
SIMKA: Pa dobro, Agatone, ti bar znaš zakone, je l' može to da se ona žali policiji?
MIĆA: Ja mislim da mi kao familija imamo pravo da se uselimo?
AGATON: Pa, kako da vam kažem; u tom pogledu je zakon vrlo rastegljiv, može da bude ovako, a može da bude i onako.
MIĆA: Ja to ne mogu da razumem kako zakon može i ovako i onako?
AGATON: Ima, ima takvih zakona!

VII

TANASIJE, VIDA, PREĐAŠNJI

VIDA *(trgne se)*: Ju, da nije ovo kakav dogovor? Da se mi vratimo ako smetamo?

SIMKA: Šta ima da smetate, i vašu brigu brinemo, jer i vas će da najuri policija kao i nas.
TANASIJE: Kako da najuri policija, zašto?
MIĆA: Zbog rastegljivosti!
TANASIJE: Zbog kakve rastegljivosti?
MIĆA: Zbog rastegljivosti zakona, zbog koje može biti i ovako i onako. Eto, pitajte prijatelj-Agatona.
TANASIJE: Što ne govoriš, Agatone?
AGATON: Šta imam da govorim. Mogu da nas najure ako smo se bespravno uselili u kuću.
SIMKA: Tetka nam preti da će nas policijom izbaciti.
VIDA: Iju, blago nama! Ama zar mi, familija, pa da nemamo prava?
TANASIJE: Pa dobro, Agatone, ja mislim da ti to kao čovek od zakona najbolje znaš?
AGATON: Pa znam, dabome!
TANASIJE: E pa, kad si se ti uselio?...
AGATON: Ja, to je drugo! Nemoj ti na mene da gledaš. Da sam se ja sam uselio, to bi se nekako pred zakonom moglo protumačiti, ali vi potegli svi pa napunili kuću.
SIMKA: Pa jes', dabome! Ajde ti, Tanasije, i ti, Vido, i recimo ovaj prijatelj Mića; dobro vi, al' što će ovde onaj Trifun, pa onda Sarka? I najzad svi drugi kako tako, al' da je pita čovek, ovu Sarku, šta će ona ovde?

VIII

SARKA, PREĐAŠNJI

SARKA (*obučena*): Baš, rekoh, da iziđem, da se vidim s kim. Osušila mi se usta u sobi.

AGATON: Pa jes', okvasi ih malo!
SARKA: Ju, pravo da vam kažem, baš je to uživanje jedna soba sa balkonom. Sedim tako na balkonu pa se osećam, pravo da vam kažem, kao da sam rođena na balkonu. A svet prolazi, prolazi, prolazi... Kažem vam, pravo uživanje.

IX

TRIFUN, PREĐAŠNJI

TRIFUN *(pojavljuje se na stepenicama)*: Je l' to neki zbor? *(Silazeći):* Pa ti, brate Agatone, odsad kad hoćeš da držiš familijarni zbor, a ti zasviraj u neku trubu ili udri u doboš, pa da se zberemo.
AGATON: Gotovo i treba da se zberemo, jer imamo zajedničku nevolju da zbrinemo.
TRIFUN: E, a koju to?
AGATON: E pa tu, što ste svi potegli pa se uselili ovde. Da ste pustili mene samoga...
TRIFUN: Ako, bolje je da smo svi zajedno.
AGATON: Bolje, videćemo da l' će biti bolje!

X

PROKA, PREĐAŠNJI

PROKA *(dolazi spolja)*: Jeste li svi tu?
SIMKA, GINA, TANASIJE, MIĆA: Šta je?
PROKA: Ne valja!
GINA: Šta ne valja?
PROKA: Bio sam kod našeg opštinskog advokata, pa mi on kaže da smo se mi protivzakonito uselili u kuću.

AGATON: Pa dabome da ste se protivzakono uselili, kažem ja. Da ste vi mene samog pustili, sve bi drukče bilo.

TRIFUN: Pa jest, sasvim bi drukče bilo.

TANASIJE: Pa dobro, Agatone, ajde šta ti veliš, šta da se radi sad?

TRIFUN: Kako smo se uselili, tako da se iselimo.

GINA: Ju, ju, ko bi tu sramotu podneo od sveta?

PROKA: Bila bi odista velika sramota, nego da ti, Agatone, pođeš do advokata.

AGATON: Koga advokata?

PROKA: Ovoga staraoca, pa da mu to nekako vešto objasniš kako smo se mi uselili ovde u dobroj nameri.

AGATON: Za mene znam da imam dobre namere.

SARKA: A zar ja nemam?

AGATON: Jest, i ti.

GINA: Otkud pa samo vi? Svi smo došli s dobrim namerama.

SARKA: Pravo kaže Gina, svi smo došli s dobrim namerama.

PROKA: Ostavite sad to zašto je ko došao; nego šta veliš, Agatone, je l' da pođeš ti do advokata?

NEKOLIKO GLASOVA: Treba, dabome!

AGATON: Pa kad velite, ajd' da pođem!

MIĆA: A šta veliš, Agatone, kad se već onako upustiš s njim u razgovor, da li možeš nešto tom prilikom da ga ispipaš kako glasi testament?

NEKOLIKO GLASOVA: Jest, jest. To bi dobro bilo!

AGATON: Probao sam ja to, nije da nisam probao, ali ne ide. Ni reči neće da kaže; veli, ne zna.

PROKA: Ama kako ne zna kad je on pisao testament?

AGATON: On zna, dabome, al' eto, ne možeš ni reč da mu iščupaš.

TRIFUN: Pa ti se, Agatone, uvek hvališ kako si vešt islednik; pa eto ti, pokaži tu.

AGATON: Ne hvalim se ja, nego sam odista ja važio kao najveštiji islednik. Umeo sam od svakog krivca izvući priznanje. E, al' ja sam imao za to naročite svoje metode. Pitam okrivljenoga ljudski i, što kažu, čovečanski, on neće da prizna. Neće, dobro! Ja naredim da ga istuku u apsi, i kad ga oni dole premlate, on lepo prizna. Šta može drugo nego da prizna. Kažem ti, imao sam svoje metode i bio sam vrlo vešt islednik, al' ono je drugo, a ovo je drugo. Ne mogu ja tek narediti da se advokat istuče i premlati da bi priznao šta piše u testamentu.

TANASIJE: Pa ne može, dabome!

PROKA: Ama ostavite se, ljudi, praznih razgovora, da ne gubimo vreme. Nego, deder, Agatone, da pođeš ti advokatu.

VIDA: Reci mu da smo se mi ovde uselili kao familija; nismo mi tuđinci s ulice.

SIMKA: I valjda imamo preča prava nego tetka.

MIĆA: Recite mu, prijatelj-Agatone, da smo mi naslednici.

PROKA: I reci da mi inače poštujemo zakon i ne želimo da ga vređamo.

GINA: I reci mu da smo se mi uselili da čuvamo da ko ne raznese.

TANASIJE: I reci mu da smo svi čestiti, ugledni ljudi.

TRIFUN: I reci mu da ćemo mi pripitati i druge advokate.

AGATON: Ama nemojte vi mene učiti šta ću mu reći. Nosio sam se ja već toliko puta s advokatima, umeću valjda.

PROKA: E, pa hajde, boga ti, pođi!

MIĆA *(koji je stalno izvirivao kroz staklena vrata, ne bi li spazio Danicu)*: Nije potrebno da ide prijatelj Agaton, evo ga advokat ide ovamo!

SVI *(iznenađeno)*: Ide?

MIĆA: Da, ide s njom.

GINA: Je l' s tetkom?

MIĆA: Nije s tetkom, nego s onom.

SIMKA: Ama sa onom devojkom?
MIĆA: Pa ona je maločas otišla da javi da smo se mi uselili.
AGATON: E, onda to menja situaciju. Nego, znate šta? Ne možemo mi svi razgovarati s njim; ja mislim bolje će biti da se svi sklonite i da mene ostavite.
PROKA: Gotovo... Bolje je da ne vidi ovoliku gomilu.
AGATON: A ukloniću se i ja, neću da izgleda kao da sam ga naročito očekivao, nego ću ja posle naići kao slučajno.
TANASIJE: Jest, jest, da se raziđemo! *(Svi se razilaze u svoje sobe.)*

XI

DANICA, ADVOKAT

ADVOKAT *(dolazeći spolja s Danicom)*: Gde su dakle ti naseljenici?
DANICA *(obučena je, pošto je došla spolja)*: Po sobama.
ADVOKAT: Po kojim sobama?
DANICA: Po svima, zauzeli su celu kuću.
ADVOKAT: Hm! Neka vrlo zanimljiva porodica.
DANICA: Vama je to smešno?
ADVOKAT: Pa i vi treba da se smejete svemu tome: nema tu ničeg tragičnog.
DANICA: Ali kako da ne, zaboga, kad se tetka prosto razbolela od jeda.
ADVOKAT: Umirite se, sve će biti u redu.
DANICA: Hvala bogu!
ADVOKAT: Preduzeću odmah korake, samo, pravo da vam kažem, mislim se na koji način. Najjednostavnije bi bilo zvati policiju i izbaciti ih sve.
DANICA: Nemojte to, molim vas, bilo bi i suviše grubo.

ADVOKAT: To i mene uzdržava. To bi bio vrlo neprijatan događaj: izbacivanje cele ožalošćene porodice. Ko zna kako bi se to tumačilo, naš svet je sentimentalan.

DANICA: Ne, ne, nikako policijom; ako bi imali kakav drugi način?

ADVOKAT: Drugi bi način bio kad bih zahtevao od suda da se odmah otvori testament.

DANICA: Ja sam čula da se mora čekati četrdeset dana do otvaranja.

ADVOKAT: Da, to je bila samo pokojnikova želja, ali ona nema osnova u zakonu i ne mora se ispuniti.

DANICA: Pa zar ne bi ipak bilo bolje ispuniti želju pokojnikovu?

ADVOKAT: I ja ne želim da je vređam, ali je on sam predvideo ovakvu mogućnost. U zapisniku u kome je izjavio želju da se testament otvori posle četrdeset dana, dodao je i ovo nekoliko reči: „sem ako staralac nađe za neophodno da drugače postupi". Ja bih dakle mogao naći da ovakva situacija nalaže neophodnost, i sutra bi već mogao biti otvoren testament.

DANICA: A šta bi time učinili?

ADVOKAT: Saznalo bi se ko je naslednik, i tada bi se svi ostali razbegli.

DANICA: Bi li u tom slučaju tetka i ja morali već sutra da se selimo iz stana?

ADVOKAT: Mislim da to ne mora biti još sutra, a ko zna, možda se nećete morati ni seliti.

DANICA: Kako to?

ADVOKAT: Pa, recimo, naslednik vas ne goni.

DANICA: Ali bi u tom slučaju već od sutra morali plaćati kiriju. Vi znate da mi pokojniku nismo plaćali kiriju. Tetka je vodila brigu o kući i u naknadu za to imali smo besplatan stan. Pokojnik nam je i inače vrlo mnogo činio, naročito meni. Toliko puta me je obradovao kakvim darom; tako, često je satima razgovarao sa mnom, a jedanput, kada sam bila bolesna, nije se micao od moje postelje. To je bio tako dobar i plemenit čovek.

ADVOKAT: Sve mi je to poznato, pa stoga ja i mislim da će budući naslednik imati puno obzira prema vama.

DANICA: Varate se! Oni me svi tako popreko i tako neprijateljski gledaju. Ovde, među njima, osećala bih se vrlo nelagodno. Htela bih da se iselimo iako bi to tetki i meni donelo teške brige.

ADVOKAT: Zar je naći stan tako teška briga?

DANICA: Ne to, ali... Tetkini prihodi, jedna skromna penzija, nisu toliki da mogu pokrivati i kiriju i održavanje kuće. Morala bih se i ja postarati da štogod privredim. Zbilja, bi li me u tom slučaju primili kao činovnicu u vašoj kancelariji? Makar to bila i najskromnija plata, samo da i ja nešto privredim.

ADVOKAT: Primio bih vas vrlo rado.

DANICA *(radosno)*: Je l' istina? O, kako se radujem; a kako će se tek tetka obradovati! Verujte, ona je zbog te brige i bolesna. Ona, istina, kaže da je bolesna od jeda zbog ovog čuda što se dešava po kući, ali ja mislim da je ona u stvari bolesna zbog brige koja nas očekuje. Smem li da odem i da joj kažem tu prijatnu vest da ćete me primiti za činovnicu; verujte, to će biti kao kad bih joj dala lek. Smem li?

ADVOKAT: Ali smete, zaboga, ja ostajem pri reči koju sam vam dao.

DANICA *(neobično zadovoljna)*: Izvinite, molim vas; odmah ću se vratiti, ali moram da trknem do tetke da je obradujem. Odmah ću se vratiti! *(Ode.)*

XII

ADVOKAT, AGATON

AGATON *(najpre proviri kroz vrata pa kad vidi i uveri se da je advokat sam, izlazi)*: Baš, jedva sam čekao da ostanete sami. Imam važan razgovor sa vama.

ADVOKAT: Utoliko bolje, jer i ja imam sa vama važan razgovor.

AGATON: E, to mi je milo. Nas dvojica i treba da razgovaramo o svemu, jer jedino smo ja i vi onako ljudi od zakona.

ADVOKAT: Vi ste dakle čovek od zakona?

AGATON: Kako da ne, zaboga; bio sam dvadeset i sedam godina sreski načelnik.

ADVOKAT: O, pa utoliko bolje; vi ćete umeti da mi date jedno obaveštenje koje mi je vrlo potrebno?

AGATON: O, molim, vrlo rado!

ADVOKAT: Jeste li vi, kao sreski načelnik, kažnjavali slučajeve kad stoka, recimo ždrebe, nerast, june ili magare, uđe u tuđu njivu?

AGATON: Kako da nisam... kažnjavao sam gazdu čija je stoka, a gazdu čija je njiva pregažena upućivao sam da premlati proščem stoku koja mu je ušla u njivu.

ADVOKAT: Pa dobro, to je stoka; ne razume ništa, a kako bi vi tek kaznili ljude, razumna, pismena stvorenja, koja uđu u tuđe imanje?

AGATON: A! Sad vidim na šta vi navijate. Pa jest, imate pravo. Kažem ja njima: ama nemojte, ljudi, to je protivno zakonu, ali oni navrli.

ADVOKAT: Pa njima se, znate, i da oprostiti, ali vama, vi velite da ste čovek od zakona.

AGATON: Jesam, i verujte, ne bih nikad ja to učinio. Gde bih se ja ogrešio o zakon; ne daj bože! Ali vidim, uselila se gomila u kuću a nema ko da održava red, i onda, šta sam mogao. Eto, samo zato sam se i ja uselio, da održavam red.

ADVOKAT: Pa lepo, a kada bi vi, kao što ste već bili sreski načelnik, slučajno, ovoga trenutka, bili član ovoga kvarta i kad bih ja došao k vama kao staralac i rekao vam: uselili se nekakvi ljudi u kuću o kojoj ja vodim brigu. Šta bi vi na to uradili?

AGATON: Zvao bih smesta podnarednika, dao mu još jednog žandarma i rekao bih mu: idi tamo i rasteraj onu stoku!

ADVOKAT: Znači, ja bih tako trebao da postupim?

AGATON: Mogli bi, ne kažem da ne bi mogli.

ADVOKAT: E ali, vidite, ja ne želim i neću tako da postupim.

AGATON: Sasvim, i ne treba!

ADVOKAT: Ja ću sasvim drukčije.

AGATON: Baš sam radoznao kako mislite?

ADVOKAT: Ja mislim ići u sud i zhtevati da se još sutra otvori testament.

AGATON: Zar može?

ADVOKAT: Zašto ne bi moglo?

AGATON: A pokojnikova poslednja želja?

ADVOKAT: To je samo želja; uostalom i sam testator je predvideo da se u slučaju ako staralac nađe za neophodno, može i ranije otvoriti testament.

AGATON: A je l' ima nešto neophodno?

ADVOKAT: Pa šta hoćete neophodnije no što se porodica protivzakono uselila u kuću?

AGATON: Sasvim. I odista, to bi najbolje bilo da se još sutra otvori testament.

ADVOKAT: To ćemo i učiniti.

AGATON: A mi, je l' te, možemo do sutra ostati ovde u kući?

ADVOKAT: Nije red, ali najzad, jedan dan...

AGATON: Pa jeste. Gde da se krećemo i selimo za jedan dan, a pravo da vam kažem, bila bi i sramota od sveta.

ADVOKAT: Dobro, onda ostanite do sutra!

AGATON: E, to je lepo od vas! Ama kažem ja njima: pametan je to čovek, taj advokat, neće on terati u krajnost. Znao sam ja to! E, baš vam hvala u ime cele porodice.

ADVOKAT: Molim. Saopštite dakle porodici da će se sutra otvoriti testament.

AGATON: Saopštiću ja to, ne brinite, ali ako mi dozvolite, hteo sam nešto onako sasvim izdaleka da vas pitam?

ADVOKAT: Pitajte!

AGATON: Saznaću sutra, je l' te, pa to ne menja stvar hoću li saznati danas ili sutra, al' znate, ja sam tako radoznao, ne mogu da izdržim do sutra.

ADVOKAT: Šta to?

AGATON: Voleo bih da znam šta ja nasleđujem?

ADVOKAT: Pa kad me već tako izdaleka pitate, evo da vam izdaleka i odgovorim. Ja ne znam šta piše u testamentu.

AGATON: Eh, ne znate, pa vi ste pisali testament?

ADVOKAT: Pa zato ga i ne znam što sam ga ja pisao. Da ga nisam ja pisao, ja bih mogao i reći što, al' ovako...

AGATON: Ja, znate, polažem velike nade na taj testament. Ono, i svi ostali polažu velike nade, al' ja mislim...

ADVOKAT: A svi očekuju nasledstvo?

AGATON: Pa svi, dabome, i svaki veruje da je glavni naslednik.

ADVOKAT: Pa što se onda ne pogodite međ' sobom?

AGATON: Kako da se pogodimo?

ADVOKAT: Kad svako od vas veruje da je glavni naslednik, znači da svi imate podjednaka prava, prema tome mogli bi lepo kao familija, prijateljski i sporazumno, da podelite imanje.

AGATON: Odista, to bi mogli. A šta mislite, bi li to starateljski sudija uvažio kad bi se mi sporazumeli pa mu sutra rekli: mi smo podelili imanje!
ADVOKAT: Sudija bi uvažio samo ono što piše u testamentu.
AGATON: Pa zar u testamentu ne piše da se sporazumemo?
ADVOKAT: Ja ne znam, ali strpite se do sutra, pa ako tako piše, onda se sporazumevajte. Nema smisla to ranije da činite.
AGATON: Pa jeste, pravo kažete.
ADVOKAT: Nemojte samo zaboraviti da saopštite porodici da je sutra otvaranje testamenta.
AGATON: Ama kako da zaboravim! Samo, moram to prvo da saopštim mojoj ženi. Ne znate vi kako je ona nestrpljiva da čuje šta smo razgovarali ja i vi. Moram prvo njoj.
ADVOKAT: Izvol'te, izvol'te!
AGATON *(ode)*.

XIII

ADVOKAT, DANICA

ADVOKAT *(kad sagleda Danicu na zadnjim vratima)*: No, je l' se obradovala tetka?
DANICA: Kako da nije!
ADVOKAT: Samo, jeste li vi dobro razmislili o toj vašoj želji da budete moj činovnik?
DANICA: Ne vidim šta bih imala da razmišljam?
ADVOKAT: Ja sam, na primer, vrlo strog starešina.
DANICA: A ja sam vrlo savesna.
ADVOKAT: Pa onda, pedantan sam.
DANICA: Ja sam na dužnosti vrlo tačna.
ADVOKAT: Može se desiti da gdekad budem i nervozan.

DANICA: Ja umem da budem vrlo uzdržljiva i strpljiva.
ADVOKAT: Moram vam reći da sam na poslu i vrlo ozbiljan.
DANICA: To mi naročito imponuje.
ADVOKAT: Pa to je odista čudnovato kako se naše osobine slažu i, takoreći, dopunjuju se.
DANICA: Znači dakle da me s poverenjem možete primiti u službu.
ADVOKAT: Pa ipak, ja imam jednu osobinu, ili bolje reći manu, koja vam ni u kom slučaju ne može biti ugodna...
DANICA: A ta je?
ADVOKAT: Ja umem biti i ljubomoran.
DANICA *(iznenađena)*: Ljubomoran? *(Gleda ga dugo u oči):* Ne razumem.
ADVOKAT *(hteo bi da zabašuri utisak)*: Uostalom, to nije tako važna okolnost; to se vas ne mora ticati.
DANICA *(još uvek pod utiskom)*: Ne razumem!
ADVOKAT *(nespretno se izvlači)*: Dakle... da... ja sam već javio porodici; sutra se otvara testament i odmah zatim vi ćete biti oslobođeni briga.
DANICA: Pa to ja, u onoj radosti nisam ni kazala tetki.
ADVOKAT: Recite joj!
DANICA: Hoću.
ADVOKAT: Recite joj sad odmah, ja vas i inače moram napustiti. Moram još ovog časa da preduzmem korake da bih za sutra obezbedio otvaranje testamenta. Do viđenja, dakle! *(Polazi.)*
DANICA *(prateći ga)*: Do viđenja!

XIV

AGATON, SIMKA, zatim SARKA

AGATON *(dolazi iz svoje sobe, za njim Simka)*: Treba ih sve sabrati.

SIMKA: Pa da zađemo po sobama.

AGATON: Ček' da zovemo Sarku, neka ih ona sazove. *(Kuca na Sarkina vrata.)*

SARKA *(dolazi)*: Je l' me zoveš, prijatelj-Agatone?

AGATON: Ne zovem te, nego, rekoh, imam važne stvari da saopštim familiji, pa ne znam kako da ih sazovem na zbor?

SARKA: Pa nećeš valjda da ih ja sazivam? Nisam ja tvoj opštinski birov.

AGATON: Ne možeš ni ti, dabome; nego kad bi nešto navila budilnik pa bi se oni sabrali.

SARKA: Ne bi se to tako čulo, bolje bi možda bilo kad bi ti, Agatone, udarao u služavnik. To bi se čulo te još kako.

AGATON: Pa jes', to bi se čulo, ali nezgodno je.

SARKA: E, pa ako ti je to nezgodno, bio si vlast pa si grlat; kad si se drao, ceo te je srez čuo, e pa zapni i sad.

AGATON: Pravo kažeš! *(Metne šake na usta i razdere se):* Oj, narode! Proko, o, Proko! Trifune, Tanasije, Mićo! Oj! oj! *(Javljaju se jedan po jedan iz svojih soba i pribiraju se.)*

XV

PORODICA

PROKA: Šta je pobogu, Agatone?
AGATON: Zberite se prvo svi!
TANASIJE: Svi smo tu!

AGATON: E, onda sedite, pa ću vam sve po redu kazati.

PROKA *(sedajući)*: Jesi li razgovarao?

AGATON *(pošto su svi posedali a on ostao na nogama)*: Razgovarao sam, dabome da sam razgovarao, i nisam zavijao onako izdaleka kao dosad, nego rekoh: ti znaš, sinko, zakone, ali ih znam i ja, pa ajde da se ponesemo. Te ti ja njemu odmah onako od prve: zahtevam u ime cele familije da se odmah otvori testament.

PROKA I TANASIJE: A on?

AGATON: More, da vidiš, uzvrda se kad ču kako ja to onako... nije da ga molim, nego zahtevam; pa poče da mi vrda: te pokojnikova želja, te četrdeset dana, te ovo, te ono. Ali ja njemu: Po zakonu ne moram da čekam četrdeset dana, i neću da čekam! Tako ti ja podviknem njemu.

VIDA I SARKA: A on?

AGATON: Poče on opet da vrda: te paragraf sedamdeset drugi, te pedeset šesti, a ja njemu: a sto četrdeset sedmi, a sto četrdeset sedmi, gospodine? Kad to ču, a on prosto preblede i zbuni se.

VIŠE NJIH: Pa?

AGATON: Vide on da sa mnom ne može lako izići na kraj i da mu ništa ne pomaže vrdanje, pa pristade čovek.

SVI *(uzbuđeno)*: Šta?

AGATON: Pristade da se otvori testament.

SVI: A!!!...

AGATON: Jest, jest, da se otvori testament.

SVI: Kad?

AGATON: I tu poče da vrda: pa dobro, gospodine Agatone, možemo ovih dana. Ne bome, podviknem ti ja njemu, nego ja zahtevam još sutra.

SVI: Još sutra!

AGATON: Nego šta!

PROKA: Pa je l' pristao?

AGATON: Kad sam ga doterao uza zid, kad je video da nema gde, a on pristade.

SVI: Ama sutra?

AGATON: Sutra, dabome! *(Ponosito):* Eto, tako ja razgovaram s advokatima!

PROKA: A šta kaže što smo se uselili?

AGATON: I tu je, da vidiš, bilo povuci-potegni. Zapeo on kako nemamo pravo. Veli: drugo je to, gospodine Agatone, da ste se vi sami uselili, ali cela familija.

TRIFUN: Pa sad već ostavi to što je on tebi kazao, nego šta si ti njemu kazao?

AGATON: A ja njemu: Nema zakona koji zabranjuje, niti ima zakona koji propisuje da se familija može useliti ili ne useliti u pokojnikovu kuću. Pa kako nema o tome naročitih, pisanih zakona, to se u ovome danome slučaju mogu primeniti prirodni zakoni, a po prirodnim zakonima familija ima prava da čuva imovinu svoga preminulog člana.

VIŠE NJIH: Tako je!

AGATON: Pa tako je, dabome, ali on, znaš kako je, advokatska posla, poče i tu da mi vrda, dok ja ne podviknuh: ja se ne selim iz kuće i nema te sile koja će me izbaciti.

PROKA: Sasvim!

AGATON: Kad on to ču, a on popusti kao udovica: Pa izvol'te, gospodine Agatone, pa nemojte se ljutiti, izvol'te, sedite u kući.

MIĆA: Pa sedećemo, dabome!

SARKA: Pa, dobro, je l' to mi nećemo nikako više ni da se selimo?

AGATON: E pa ti opet! Šta hoćeš, celog života valjda da sediš na balkonu? Imamo pravo da sedimo dok se ne otvori testament, a tada ostaje ovde onaj koji nasledi kuću.

MIĆA: Razume se!

SARKA: A meni se tako dopada moja soba.

TANASIJE: Pa kad si, Agatone, već tako prikleštio advokata, zar nisi mogao da pripitaš i za ono?
AGATON: Koje ono?
TANASIJE: Pa ono: kako glasi testament?
PROKA: Pa eto, čućeš sutra.
VIDA: Ko će živ do sutra izdržati?
AGATON *(Tanasiju)*: I po toj stvari sam ga ispitivao.
SVI *(radoznalo se zbiraju)*: E???
AGATON: Jest, ispitivao sam ga.
PROKA: Pa? Govori, brate Agatone, govori!
AGATON: Ama neka je on sto puta advokat, stari sam ja islednik, ne može on meni izvrdati.
PROKA *(radoznao, prgav)*: Govori već jedanput, kumim te bogom!
AGATON: Počnem ja, znaš, s njim razgovor o testamentu, ali onako izdaleka i vešto, da se on ne seti. Velim ja njemu: pošto ste vi pisali testament, to sve okolnosti govore da je vama testament donekle poznat.
VIŠE NJIH: A on?
AGATON: A on samo gleda u zemlju i ćuti, ne sme da me pogleda u oči, jer bih mu ja iz očiju pročitao testament. Ali, stari sam ja majstor, ne ispuštam situaciju kad je jednom ščepam. Okupim ti ja njega pitanjima; pa ukrštena pitanja, pa ukrštena pitanja.
PROKA *(gori od nestrpljenja)*: Pa odgovori li on?
AGATON: Odgovori, ali sve onako, tuc-muc, a ja opet navalih, pa ukrštena pitanja, pa ukrštena pitanja, pa ukrštena pitanja, pa ukrštena pitanja.
PROKA *(očajno)*: Pa dosta, bre brate, sa tim ukrštenim pitanjima!
SARKA: Dade li ti bar kakav ukršteni odgovor?
AGATON: Znaš kako je, nije mi odgovorio; ne mogu reći da mi je odgovorio, ali sam mu izvukao jednu reč. A meni je dosta

jedna reč, više mi i ne treba. Što kažu, reci: „Oče naš", pa mi je to dosta da te oteram na robiju. Na osnovu jedne jedine reči ja izvedem zaključak.

TANASIJE: Pa reče li bar tu jednu reč?

AGATON: Reče, dabome!

PROKA *(drekne)*: Šta reče, pobogu, čoveče?!

AGATON: Nije rekao otvoreno nego zavijeno, ali sam ja odmah izveo zaključak: da testament ostavlja porodici da po međusobnom sporazumu podeli imanje.

SVI *(veliko iznenađenje)*: Au!!!...

AGATON: On ne kaže da je tako, ali meni je jasno kao dan da je tako.

TANASIJE *(zabrinuto)*: Pa šta ćemo sad?

AGATON: Ja mislim, braćo i sestre, mi bi za taj slučaj trebali da budemo spremni.

TANASIJE: Kako spremni?

AGATON: Pa tako, da se sporazumemo. Mogli bi ovaj naš skup da pretvorimo u konferenciju.

TRIFUN: I, dabome, ti da predsedavaš konferenciji?

AGATON: Ne moram ja, zašto ja? Evo nek predsedava Trifun. *(Sedne)*: On te stvari bolje zna, eto nek predsedava on.

PROKA: Ti, ti, Agatone!

SVI: Pa dabome!

AGATON: Zašto ja, eto Trifun.

TRIFUN: De, nemoj biti nakraj srca. Znaš bolje, priznajem ti, znaš bolje.

AGATON: E pa kad znam bolje, a ti se ne isprečavaj! *(Prošeta značajno)*: Dakle, braćo, mi moramo biti spremni za slučaj da u testamentu piše da izvršimo deobu međusobno i po sporazumu. Kad nam sutra starateljski sudija pročita: ostavljam sve svoje imanje svojoj porodici s tim da ga ona po međusobnom sporazumu podeli, mi moramo odmah odgovoriti: mi smo se sporazumeli!

SVI: Tako je! Sasvim! Tako je!

AGATON: E, vidite, to bi imali još sad da rešimo.

TANASIJE: A kako misliš da bi se to moglo?

AGATON: Evo kako: da se prvo mi lepo, pošteno i bratski podelimo u bliže i dalje rođake.

SARKA: Eto ti sad, kako to može kad smo svi bliski rod?

AGATON: Nismo. Eto, prva ti nisi bliska.

SARKA: A po čemu opet nisam ja?

AGATON: Po tome što nisi!

SARKA: A ti si blizak?

AGATON: Blizak sam, dabome.

SARKA: Kako ti, tako i ja.

AGATON: E nije tako, Sarka. Nisi bliska; nisi bliska ti, nije blizak ni Proka, nije blizak ni...

PROKA *(plane)*: Što ja?

SIMKA: Pa zato, Proko, što si ti rod po tvojoj prvoj ženi.

PROKA: Da sam ja rod po mojoj prvoj ženi, ne bi moja druga žena toliko plakala za pokojnikom.

VIDA: Pa, pravo da ti kažem, Proko, mi se baš svi čudimo što se tvoja Gina toliko ubi plačući.

GINA: Zato, ako hoćeš da znaš, što iskreno žalim, a ne kao vi.

SARKA: A što pa kao mi?

GINA: Metnuli ste crninu na sebe samo zbog testamenta, a ovamo nijedna suzu ne pusti.

SIMKA: Znamo mi, Gino, pošto je litar tvojih suza.

GINA: Iju! E, jesi čula!...

TRIFUN: Agatone brate, jesi li ti predsednik ovoga zbora ili nisi? Ako ti pustiš žene da se objašnjavaju, onda nikad nećemo doći do sporazuma.

AGATON: Pravo kažeš, zapele kao da je ovo skupština kakvog ženskog udruženja. Da nastavimo mi; gde ono besmo stali?
PROKA: Ja nisam svršio svoju reč.
AGATON: E pa ajd', govori!
PROKA: Ne govorim ja napamet da sam blizak rod, nego imam i dokaze. *(Vadi jedan veliki tabak hartije iz džepa):* Ovo su dokumenta!
AGATON: Je l' krštenica?
PROKA: Nije krštenica, al' evo, pogledaj! *(Razvija tabak.)*
AGATON *(zagleda)*: Pa to nekakav plan?
TRIFUN: Pa Proka je arhivar u opštinskom katastru, pa zna valjda da pravi planove.
AGATON *(zagleda)*: Pa to si ti izradio katastar naše familije?
PROKA: Nije katastar, nego stablo; je l' vidiš ovo stablo?
AGATON: Vidim, pa šta?
PROKA: E, to stablo, to je pokojnik.
AGATON: Ama pokojni Mata?
PROKA: Jeste!
AGATON: Može biti, jer i pokojni Mata je bio tako nešto malo nakriv.
PROKA: A vidiš li ovu granu ovde?
AGATON: Vidim!
PROKA: To je pokojni čika Rista Nikolić.
AGATON: Koj' čika Rista?
PROKA: Ujak pokojnog Mate.
AGATON: A, onaj, znam! Pa?
PROKA: E, vidiš, taj čika Rista imao je četiri sina: Spiru, Boška, Tasu i Miku. To su, vidiš, ove četiri grane što idu naniže.
AGATON: Vidim.
PROKA: A vidiš li ovu granu što visi od Mike naniže?
AGATON: Vidim, pa šta?

PROKA: To sam ja.
AGATON: Ti?
PROKA: Jeste, jer ja sam Mikin sin.
AGATON: E, ako si ti to što visiš o svojoj grani, onda da znaš, na niske si grane spao.
PROKA: Eto, zar to nije jasno kao dan. To su dokumenta, brate!
SARKA: Ako je po tome, Proko, visim i ja valjda na nekoj grani, a ne samo ti.
TRIFUN: A kako bi bilo da nam Agaton prvo objasni po čemu je on tako blizak rod?
AGATON: Moje se zna.
GINA, PROKA, VIDA, TRIFUN I SARKA: Pa da čujemo?
AGATON: Ama ako se počnemo baviti tako raznim detaljima, mi nikad nećemo stići do kraja; nego da odmah pređemo na stvar; da mi izvršimo deobu nasledstva prijateljski i bratski, kao što i dolikuje jednoj ovako otmenoj familiji.
PROKA: Pa ajde reci, kako, de da te čujemo!
AGATON: Evo da počnemo od Sarke.
SARKA: Ama što ti uvek od mene počinješ?
AGATON: Pa tako nekako, uvek mi se nađeš pod rukom. Da počnemo dakle od Sarke. Šta njoj treba, jedna guša, jedna duša!
SARKA: Nemoj ti meni meriti ni po guši ni po duši, nego što je pravo.
AGATON: Moramo voditi računa i o potrebama. Drukčije su na primer tvoje potrebe, a drukčije su moje.
SARKA: Gle molim te!
AGATON: Da kažeš da joj treba sprema za udaju pa ajd', ajd'! Ali to joj ne treba. Dvaput se udavala pa dosta joj je to.
SARKA: A po čemu dosta? Po čemu ti to meni meriš je li mi dosta ili nije. Ja najbolje znam da l' mi je dosta.
AGATON: Drugo je to da ima dece, ali eto, ni to nije bila kadra.

SARKA: Eto ti sad opet! Iju, još će mi izneti da nisam bila kadra. A po čemu nisam bila kadra?

AGATON: Pa eto, imala si dva muža pa ništa.

SARKA: Imala sam, to je istina, ali šta sam ja kriva što nisam imala kad. Šta sam poživela sa prvim mužem? Dve godine!... a sa drugim tri i sedam meseci, a to, brate, časkom prođe, nemaš kad ni roditi. Nisam imala vremena, a ne što nisam bila kadra. Ali što ti meni decu, nemaš ni ti dece, pa šta?

AGATON: Ama ne prebacujem ti ja, nego velim da imaš dece, mogli bi ti i što više dati, ovako, ja mislim dosta ti je pet hiljada dinara u novcu i sve kujnsko posuđe.

SARKA: Iju, iju, iju, sram te bilo, Agatone! Kako ti to meni, kao da ja prosim od vas. Ja ne prosim, nego tražim ono što mi pripada.

AGATON: Pa dobro de, evo daćemo ti i onaj srebrni budilnik. Eto!

SARKA: Uzmi ga ti, Agatone, pa ga metni na srebrni služavnik, lepše će stajati.

TANASIJE: Jest, odista, Agatone, ti to nekako onako odoka meriš.

AGATON: Ama, čekaj, brate! Ja to iznosim više onako, kao predlog. Posle možemo razgovarati o tome pa negde skresati, a negde i dodati pogdešto. Budite samo strpljivi!

VIDA: Pa ajde da čujemo dalje.

AGATON: Ovome Proki i njegovoj Gini da se da ona pokojnikova njiva u Malom Mokrom Lugu i deset hiljada dinara u gotovom.

PROKA *(skoči)*: Oho! To ti zadrži sebi, a ja hoću moj deo.

AGATON: Pa to ti je deo!

GINA: Zar ona prljuša njiva koja ne vredi ni lule duvana. Gle ti kako on to nama!...

PROKA: Ja tražim da Agaton prvo kaže šta on traži; da čujemo šta on misli da njemu pripada.

SVI *(sem Simke)*: Jeste, to da čujemo!

AGATON: Kazaću ja već kad bude vreme.

SVI: Ne, ne, hoćemo sad da čujemo!

PROKA: Hoćemo da čujemo, pa prema tvojoj meri sebi da odmerimo.

AGATON: Ja mislim, brate, prvo vama da podelim, a meni šta ostane.

PROKA: Pa jest, što ostane. Nama njive u Mokrom Lugu i kujnsko posuđe i po dve-tri hiljade dinara, a tebi što ostane. Hoćemo prvo da čujemo šta ti misliš da tebi pripada.

SVI: Da čujemo! Da čujemo!

AGATON: Pa dobro, evo da vam kažem! S obzirom dakle na to što sam najbliži rođak...

VIŠE NJIH: E, to ćeš izviniti! Po čemu to?

AGATON: Dobro, ajde onda ovako: s obzirom na moje rodbinske veze sa pokojnikom, s obzirom na to što sam ja šef familije...

TRIFUN: Gle sad opet, a po čemu si ti šef familije?

AGATON: Po tome što sam ja u ime familije razgovarao s advokatom, a nisi ti! Dakle, ako hoćete, slušajte: s obzirom na rodbinske veze; s obzirom na to što ja predstavljam familiju; s obzirom na moje lične i opšte narodne potrebe; s obzirom na sve okolnosti i prilike u ovome danome trenutku, ja mislim da bi meni na prvome mestu pripadala ova kuća.

SVI *(opšti uzvik)*: Ua!!!...

AGATON: Čekajte: ova kuća sa celokupnim nameštajem, računajući tu i budilnik...

SARKA: I budilnik i služavnik i sve ostalo.

AGATON: Jest, i sve ostalo. Zatim...

TRIFUN: Kako, zar još?

AGATON: Pa još, nego šta?
PROKA *(Trifunu)*: Pusti ga, molim te, da ga čujemo.
AGATON: Zatim, meni bi imali pripasti i oni dućani na Terazijama.
SVI: Uha!!!...
AGATON: Nije to sve!
TANASIJE: Pa nije, dabome!
PROKA: Taj ne ume da stane!
AGATON: A zatim i vinograd sa vilom na Topčiderskom brdu.
SVI: Uha!
TRIFUN: Kako bi bilo i akcije Narodne banke?
AGATON: Pa i akcije Narodne banke, nego šta!
PROKA: A meni njiva u Malom Mokrom Lugu?!
SARKA: A meni kujnsko posuđe?!
MIĆA: A ja, ja kao da i ne postojim?
AGATON: Pa i ne postojiš, brate!
TRIFUN *(Mići)*: Ne postojiš, razume se! Zar tebi nije jasno da ovde samo Agaton postoji?
TANASIJE: Valjda sam ja preči od jednog Agatona!
SIMKA: Samo ti, Tanasije, ćuti!
VIDA: Ju, a što on pa da ćuti?
PROKA: Braćo i sestre, zar vi ne vidite da ovo nije familijarni sporazum i dogovor, nego pljačka?
SARKA: Pljačka, dabome. On akcije Narodne banke, a meni kujnsko posuđe.
TRIFUN: Nismo mi 52.374 sreskih stanovnika pa da nam Agaton podvikne: „Mirno!", a mi da stanemo u front i da trepćemo. *(Od ovih Trifunovih reči pa do svršetka scene dijalog teče vrlo naglo i živo, upada se u reč, govori se jednovremeno, prekidaju se govori, penje se ton i nastaje sve jače uzbuđenje, da bi se završilo burnim sukobom.)*
TANASIJE: Svi smo mi ovde jednaki!

PROKA: Ne priznajem dogovor, ne priznajem šefa familije, ne priznajem testament, ne priznajem ništa i nikoga.
AGATON: I tebe niko ne priznaje!
TRIFUN: To je pljačka!
MIĆA: I ta je pljačka protiv mene uperena!
GINA: Hoće čovek kuću i dućane!
SARKA: Veleposednik!...
VIDA: A pokojnik ga nije ni gledao.
SIMKA: Nije nego je tebe gledao, Vido!
PROKA: Ne pristajemo na sporazum!
TANASIJE: Svaki će da brani svoje!
AGATON: E, onda vam ne dam ništa!
SVI *(gnevno)*: Ko ne da? Ko si ti?
AGATON *(ščepa stolicu)*: Ne približuj se!
PROKA: On hoće da se bije! *(Ščepa i sam stolicu.)*
TRIFUN: Ne dajmo se!

SVI *(uhvate se za stolice i druge predmete, zauzimaju nasrtljiv stav, žene vrište, Mića se popeo na sto i umiruje mlatarajući rukama. Uznose se stolice i spušta se zavesa).*

TREĆI ČIN

Ista soba.

I

PORODICA, bez AGATONA i SARKE

(Opšta utučenost i potištenost. Sede raštrkano svako zasebno i jedno drugom okrenuli leđa. — Proka, očajna lica, nervozno šeta sa zabačenim rukama na leđima; Gina vezala glavu preko čela i hukće; Simka naslonila glavu na obe ruke; Vida okrenula svima leđa i sama sa sobom razgovara, kao da nekom čita lekciju; Mića se uvalio u fotelju, rukama zagrlio kolena i glupo gleda u tavan; Trifun uzjahao stolicu i naslonio čelo na naslon stolice; Tanasije očajna lica piše i briše nešto na parčetu hartije.)

PROKA *(posle izvesne pauze)*: Moj brate, moj brate, ko se ovome nadao?

SIMKA: Ovako izigrati familiju!

TANASIJE: Izigrati? Nije izigrati, nego podvaliti. Ovo je prosto podvala sa pokojnikove strane.

VIDA: Još kad smo stajali pred vratima starateljskog sudije, meni zaigra levo oko, a meni levo oko nikad ne igra na dobro. A kad sudija poče da lomi pečate na testamentu, a meni kao da nešto štrecnu: ju, rekoh u sebi, ovo nije na dobro!

GINA: Jadno ti dobro!

MIĆA: Sad svi tako, a tamo, kod sudije, svi ste ćutali.

TRIFUN: Pa ne znam šta smo mogli?

MIĆA: Mogli ste da protestujete, kao što sam ja.

TANASIJE: Šta si ti?

MIĆA: Rekao sam otvoreno: ne priznajem testament.

TANASIJE: Pa šta?

MIĆA: Pa to, i rekao sam još: Mi protestujemo, i mi ćemo povesti parnicu za obaranje testamenta.

TRIFUN: Pa jest, kakva bi to familija mi bili kad ne bi obarali testament?

TANASIJE: Pa neće valjda tuđin da ga obara?

MIĆA: I ja mislim da mi ne treba da oklevamo, nego još danas da uložimo žalbu i da otpočnemo parnicu.

PROKA: Čekajte, ljudi, dok dođe Agaton. On je ostao u sudu da prepiše testament.

TANASIJE: Šta ima da ga prepisuje; svaki od nas zna šta je dobio.

PROKA: Ama nije zbog nas nego zbog advokata, jer on će posle iz suda otići doktoru Stojanoviću, to je za te stvari najčuveniji advokat, pa će njemu da poveri parnicu, ali ne može s advokatom razgovarati bez prepisa testamenta.

TANASIJE: Jest, čuo sam za toga Stojanovića.

PROKA: To je najčuveniji advokat za obaranje testamenta. Odličan pravnik. Ili proglasi pokojnika za ludog, ili izmisli falsifikat, ili prosto ukrade testament. Kažem ti, odličan pravnik.

TANASIJE: Najbolje bi bilo kad bi pokojnog Matu oglasio za ludog. Jer, molim te, zar to nije ludo da on meni ostavi 5.000 dinara. Zamisli, 5.000 dinara!

VIDA: Kao da smo mi prosjaci.

TANASIJE: Pet hiljada dinara! Čudna mi čuda 5.000 dinara. Zna li on, kad sam ja predavao ključeve Trgovačkom sudu, da su moji dugovi iznosili 460.000? To su, vidiš, sume s kojima ja radim, a ne 5.000 dinara.

TRIFUN: Kao da je Agaton diktirao testament.

SIMKA: Ne greši dušu, prijatelj-Trifune. Da je on diktirao, izdiktirao bi sebi nešto a ne samo 5.000 dinara.

TANASIJE: Dosta je Agatonu i toliko.

SIMKA: E, a po čemu njemu dosta, a tebi nije?

TANASIJE: Drugo je Agaton, a drugo ja.

SIMKA: Gle, molim te!

TANASIJE: Meni je to nasledstvo bila jedina nada. O toj karti mi je visila sva sudbina!

TRIFUN: Ne treba nikad sve na jednu kartu secovati.

TANASIJE: Mislio sam da se izvučem iz stečaja, i kreditorima sam obećavao da se strpe dok umre Mata, a on — pet hiljada dinara!

PROKA: Opet, to je nekako okrugla suma.

TANASIJE: Ama kakva okrugla suma; pet hiljada, okrugla suma!

PROKA: Recimo. Ali zamisli meni, 3.000, tri hiljade! Pa to je užasno!

GINA: To taman koliko sveću da mu upalimo.

MIĆA: A šta ja tek da kažem? Dve hiljade dinara! Pa to nije dovoljno ni za napojnicu sudskim poslužiteljima. Ja to smatram prosto kao uvredu.

SIMKA: I kome ostavi? Kome?... Jednoj... ne znam kako da kažem?

GINA: Kaži, sestro, kaži!

SIMKA: Da ostavi jednoj vanbračnoj devojki.

TRIFUN: Pa ostavio je i crkvi i prosveti.

SIMKA: Ostavio je nešto, koliko reda radi i da pokrije sramotu, ali sve ostalo njoj: kuću, vinograd, dućane, akcije, gotovinu, sve, sve njoj.

GINA: Sve bome!

VIDA: I zar može to po zakonu, prijatelj-Proko, da se ostavlja vanbračnoj deci?

PROKA: E vidiš, i tu nam je pokojnik podvalio. Bez znanja familije on je imao vanbračnu ćerku.

SIMKA: I nije ga sramota bilo da javno u testamentu kaže da ima vanbračnu ćerku.

GINA: I vidite li vi samo kako se i ta devojka pretvarala pred nama?

TANASIJE: A ne, tu ne treba grešiti dušu, ona nije ništa znala. Zar niste videli kako pade u nesvest?...

GINA: Čudna mi čuda, i ja bih pala u nesvest da sam sve nasledila.

MIĆA: Ja sam potpuno uveren da ona ništa nije znala.

VIDA: Bože moj, kako je on to sve vešto krio!

SIMKA: Ja mislim da mi taj testament možemo oboriti, jer ona je nezakonita ćerka, a mi smo zakoniti rođaci.

VIDA: Pa ono, ako ima boga i pravde božje, tako bi trebalo da bude.

TANASIJE: I onda ajde njoj, što kažu, ćerka mu je, pa kakva je da je, ali što ostavi crkvi i prosveti tolike pare! Zar nije bolje bilo da se ja izvučem iz stečaja? Crkva i prosveta nisu pod stečajem.

GINA: Pa jest, prijatelj-Tanasije, al' opet, što kažu: bolje crkvi i prosveti nego jednoj nezakonitoj devojci.

MIĆA: Zbilja, i meni to ne ide u glavu da ta devojčica, koja je ipak vrlo lepa, ujedanput sad postaje bogata naslednica, a ja da primim legat od dve hiljade dinara.

VIDA: Rekoh li ja vama: ova devojka liči na pokojnika, a vi svi na mene: Ua! kao da sam bogzna šta kazala. A ova Gina se čak i zaplaka što vređam pokojnika.

GINA: Pa liči, dabome da liči. Videla sam ja to odmah, al' nisam htela da govorim, iz poštovanja prema pokojniku.

PROKA: Eto ti šta ti vredi to tvoje poštovanje; ostavio ti iz poštovanja tri hiljade dinara, kao prosjaku.

GINA: To nek ostane njemu za parastos; taman da se plate tri sveštenika a ne jedan, kao što mu je njegov staralac platio.

SIMKA: Kako, zar nećeš da primiš tih tri hiljade?

GINA: Pa primiću, nije da neću primiti, ali mu neću kazati hvala; niti ću mu otići na parastos; niti ću mu poželeti laku zemlju.

VIDA: Ni ja bome!

GINA: Uostalom, ja se toliko i ne ljutim; nije da kažeš da sam mu rod neki pa da me je žao.

TRIFUN: Kako, nisi rod?

GINA: Pa tako, rod mu je prva žena Prokina, a ne ja.

SIMKA: Pa za čiji se ti račun, boga ti, toliko isplaka?

GINA: Za Prokin račun.

TRIFUN: Pa dobro, Proko, a stablo, a grane?

PROKA: Ono je, znaš, crtao neki Rus, crtač u Katastru; crtao je svoje stablo, jer on je praunuk kneza Beljajeva, pa ja uzeo njegovo stablo, izbrisao sam kneza Beljajeva pa metnuo pokojnog Matu; a tu gde ja visim, visio je unuk kneza Beljajeva.

TRIFUN: E, eto ti sad kad ti hoćeš da visiš na tuđem granju.

PROKA: Bar da sam se pomogao!

TRIFUN: Pa znaš kako je, pokojnik je valjda mislio: dosta je ovom knezu Proki Beljajevu 3.000 dinara, pa ti toliko odredio.

II

SARKA, PREĐAŠNJI

SARKA (obučena u upadljivo crvenu ili šarenu haljinu, pod šeširom okićenim cvećem i pantljikama): Dobar dan, ožalošćena porodico! Dobar dan, šta mi radite, kako ste?

SIMKA, VIDA, GINA: Ju, Sarka?!!...

VIDA: Šta ti bi, boga ti?

SARKA: Kako šta mi bi? Neka tetka nosi crninu, a ne ja. Osam dana nosim crninu za dve hiljade dinara, dosta mu je to!

GINA: Bogami, Sarka, pravo i kažeš. Ne znam zašto sam se i ja ocrnila, valjda za njegovih tričavih 3.000 dinara. Nisam valjda luda... *(Skida crnu maramu koju je nosila oko vrata, ustaje i vadi cvet iz vazne pa ga zadeva u kosu):* Što kaže Sarka, neka ga žali tetka!

TRIFUN: More, žene, da niste nešto preuranile? A ako Agaton sad dođe i donese nam vest da se advokat primio da obori testament?

SARKA: A zar je meni teško trknuti do kuće pa navući opet crninu?

TRIFUN: A ti, Gino, samo baciš cvet pa udariš opet u plač?

GINA: Pa jeste!

SARKA *(ženama)*: Pravo da vam kažem, sestre, ja sam na čistoj šteti kad nosim crninu. Svako misli da sam u žalosti pa me gleda s nekim poštovanjem. A što će meni poštovanje, marim ti ja za poštovanje...

VIDA: Pa jest!

SARKA: Eto, znam, kad sam bila udovica sa prvim mužem, pa tako, vrtio se oko mene neki mlad profesor, a ja još u crnini; pa mi on kaže: „Imao bih, gospa-Sarka, nešto da vam kažem, al' ne mogu, jer poštujem vašu tugu!" Šta ima kog đavola da mi poštuje tugu, da ga pita čovek. Al' tako, vaspitan čovek pa poštuje tugu!

III

AGATON, PREĐAŠNJI

AGATON *(dolazi spolja).*

SVI *(opkoljavaju ga radoznalo, upravljajući mu jednovremeno pitanja)*: Dakle? Jesi li bio? Šta kaže?
AGATON: Polako samo, kazaću vam.
SVI: Govori brže!
AGATON: Dakle, stvar je propala!
SVI *(razočarano)*: Šta?!!...
AGATON: Eto, to što vam kažem.
PROKA: Ama propali smo?
AGATON: Propali, dabome!
SVI *(teško razočarani)*: Au!!!...
MIĆA: Ama kako to propali, zašto propali?
AGATON: Ne možemo oboriti testament.
PROKA: Ja to ne razumem, zašto da ne možemo?
AGATON: Zato, brate, što je testament na zakonu zasnovan, i zato što postoji naslednik koji je na zakonu osnovan.
SARKA: Ama zar vanbračna ćerka pa na zakonu osnovana?
AGATON: Kaže advokat: Kaž'te hvala bogu što vam je ostavio i to malo legata, jer i to je imao prava da vam ne ostavi.
MIĆA: Dobro, neka je i tako, ali ja ne vidim zašto mi ne bi mogli voditi parnicu?
AGATON: Možemo, ko kaže da ne možemo; možemo i platiti advokata, i platiti takse, ali, upamti, kad dr Stojanović kaže da nam ništa ne pomaže, onda znajte da nam ništa ne pomaže.
PROKA: Pravo da ti kažem, Agatone, i meni to nekako ne ide u glavu. Kako to, familija, pa da nemamo prava da obaramo testament? To ne mogu da razumem.
AGATON: Veli advokat, nismo neposredni naslednici; kad bi se javio koji neposredni naslednik, taj bi još mogao.
TANASIJE: Ne znam zašto, ko bajagi, ja nisam neposredni naslednik?

AGATON: Nisi, Tanasije, pa šta ću ti ja. Nije niko od nas. Eto uzmi Sarku, je l' ona neposredna; nije, i ona je posredna.
SARKA: Šta sam ja?
AGATON: Posredna si.
SARKA: Ja te molim, Agatone, prestani jedanput da mi iznosiš takve stvari. Ja najbolje znam jesam li posredna ili sam neposredna.
AGATON: Ama ti to ne razumeš, to je pravnički izraz.
SARKA: Pa kad je pravnički, a ti ga kaži Simki i Gini i Vidi, a nemoj meni da ga prišivaš.
PROKA: Pa dobro, Agatone, je li advokat pročitao prepis testamenta?
AGATON: Jeste, reč po reč.
PROKA: Pa zar ne nađe makar jednu reč za koju bi mogao da se zakači?
AGATON: Ne, nego veli: dižite ruke!
PROKA: Uh, pobogu, ljudi, baš nas pokojnik poseče, prosto nas poseče!
TANASIJE: Mene i poseče i sahrani. Možete, ako hoćete, sad doći meni na parastos.
VIDA: Eto ti, Agatone, što ti nama pričaš kako je pokojnik bio dobar i plemenit čovek.
AGATON: Pa ono sam govorio kad sam se nadao, kao i vi.
TRIFUN: More kakav pošten, znam ja dobro njegovo poštenje.
TANASIJE: Bio je to, braćo moja i sestre moje, jedan običan zelenaš. Zamisli, od mene je naplaćivao kamatu.
AGATON: More, od tebe ništa; ako je i uzeo, nije ti uzeo više od dvadeset odsto, ali drugima je kožu drao, živima je kožu drao.
TANASIJE: I otimao je i zakidao sirotinji.
PROKA: Nema toga koji od njega nije propištao.
VIDA: Bome, taj nije imao srca.
GINA: Ni srca ni duše.

TRIFUN: Iskreno govoreći, pokojnik je bio prava lopuža.
AGATON: Lopuža, dabome, lopuža, bog nek mu dušu prosti! Znam kad od onoga grešnoga Sime Jovanovića naplati dvaput menicu. Kuka onaj i preklinje, nija šala 22.000 dinara. I platio čovek, ali mu ovaj nije vratio staru menicu, pa je izvukao i nanovo traži. Plače čovek, kune se, čupa kosu, gruva se u grudi, ali pokojnik ni da čuje; veli mu: plati!

TANASIJE: Znam, dođem kod njega, kao kod rođaka i kao kod čoveka, pa mu velim: nemam, a on kao razbojnik drekne: plati!

MIĆA: Molim vas, kad je on mene bio kadar da odbije! Jedanput tako zatrebalo mi je tri-četiri hiljade dinara. I zamislite, on meni kaže: ne dam!

TANASIJE: A mi još zapeli juče pa ga u sav glas hvalimo.

PROKA: Pa znaš kako je, drukče je bilo juče, a drukče danas.

TANASIJE: Ne vidim zašto: pokojnik kakav je bio juče takav je i danas.

PROKA: Jeste, ne kažem da nije, al' juče smo mi bili drukči!

TRIFUN: Da mi je samo znati na osnovu čega smo se nadali kad smo svi znali da je pokojnik pravi poganac. Nismo ničemu ni trebali da se nadamo.

TANASIJE: Ja, braćo, tvrdim da je on nas opljačkao.

TRIFUN: Ako vas je i opljačkao, on vas je bar za života opljačkao, ali mene je opljačkao posle smrti. Onako mrtav iz groba opljačkao me je. Ostavio mi kao legat 3.000 dinara i nije ga mrzelo da u testament napiše: „mome rođaku Trifunu Spasiću 3.000 dinara koju je sumu on već primio po priznanici od 14. februara prošle godine." Zamolio sam ga kao čoveka da mi pozajmi 3.000 dinara, i on mi sad to dugovanje ostavlja kao nasledstvo.

VIDA: Al' recite vi meni, molim vas, kako toga čoveka nije bilo sramota da javno prizna da ima vanbračnu ćerku; pa to je da se čovek na mrtvoga zgadi.

SARKA: A, što se toga tiče, on nije imao obraza i, ako ćemo iskreno da govorimo, pokojnik je, bog neka mu dušu prosti, u tom pogledu bio prava svinja.

SIMKA: Iju, Sarka!

SARKA: Jeste, jeste! Eto, nisam to htela nikad da vam govorim, ali kad sam ostala udovica od prvoga muža, nasrtao je na mene. I ja mu kažem: „Kako možeš, prijatelj-Mato, tako što i pomisliti kad smo rod?" — A znaš šta on kaže? Veli: „Ama kakav rod, ti si meni deveta rupa na svirali!" Zamislite, bezobraznik jedan, on meni da kaže da sam deveta rupa.

MIĆA: Odista, to je uvreda!

PROKA: Ovako krasnu familiju da opljačka za ljubav jednog vanbračnog deteta.

GINA: To mu nikad nećemo oprostiti!

SARKA: Pa dobro, prijatelj-Agatone, zar naši zakoni priznaju vanbračnu decu? Ja znam da su vanbračna deca onako nešto uzgredno... onako... kako da kažem... kao kad je čoveku probušen džep pa usput ispadne para. Nije da kažeš da je on hteo da ostavi paru na put, nego probušen mu džep pa ispalo.

AGATON: U staro, srećno vreme, vanbračna su deca smatrana kao nezakonita.

SARKA: Pa zar su sad zakonita, pobogu brate?

AGATON: Nisu, al' se sad nekako drukče smatraju. Bio kod mene jedan mlad pisar, tek svršio školu, pa našlo se tako za plotom jedno žgepče, podmetnula ga majka. I znaš šta taj pisar kaže za to vanbračno žgepče; veli: i to je član društva?!

GINA: Iju, a kog društva?

AGATON: Šta znam ja?

SARKA: Pa valjda nije pevačkog društva?

AGATON: Nije pevačkog, nego, eto, oni tako kažu: i ono je član društva.

SARKA: Pa to onda i ova Matina?
AGATON: I ona je član društva!
SARKA *(krsti se)*: Budi bog s nama!
VIDA: Pa je l' mi sad ovu devojku treba da smatramo kao svoju rođaku?
SIMKA: Iju, zar vanbračno dete pa rod?
PROKA: Ona je sramota za našu familiju.
GINA: Trebalo bi svi da je preziremo.
VIDA: Što se mene tiče, ja ću okrenuti glavu kad je sretnem.
AGATON: A što se mene tiče, ja ću pljunuti kad je sretnem i, evo, dajem vam reč da ću je u ime cele familije pljunuti.
MIĆA: Al' opet, kad se čovek zrelo razmisli nije ona kriva.
SARKA: Kako da nije kriva kad je vanbračna? Ona da je neka čestita, bila bi zakonito dete.
GINA: Sasvim!
AGATON: Mi kao porodica pozvani smo da bar pred svetom uzmemo u zaštitu svoj ugled i svoju čast, i ja predlažem da donesemo jednu rezoluciju kojom ćemo se ograditi od te devojke.
SARKA: Zašto mi da se ogradimo, nismo mi vanbračni, nek se ona ogradi.
AGATON: Ne razumeš ti to, Sarka, nećemo se mi plotom ograditi od nje, nego ćemo je se odreći.
SARKA: E, to je drugo!
AGATON: Objavićemo da je ne smatramo za rod, da je se odričemo i preziremo je.
SVI: Tako je! Pristajemo!
AGATON: I još da damo ovde poštenu reč da će svako od nas okrenuti glavu kad je sretne.
SVI: Tako je, pristajemo!
AGATON: I zato ja predlažem da se, u ime protesta, odmah ovog časa svi iselimo iz kuće.

SARKA: Uh, baš me žao moje sobe!
AGATON: Nećeš valjda da dočekaš ona da nas izbacuje, ona?
GINA: Iju, zar bi i to moglo biti?
AGATON: Pa, naslednica je, ima pravo.
VIDA: Ej, teško nama šta smo dočekali!
PROKA: Ajdemo, Gino! Neću valjda da čekam da me takva jedna nezakonita ženska izbacuje.
GINA: Ajde da skupimo stvari. *(Polazeći za Prokom)*: Pa odsad kad ti koji rođak umre, a ti se najpre dobro raspitaj šta ti je ostavio, pa me onda teraj da plačem, a ne ovako, isplakah se bambadava. *(Ode za Prokom u sobu.)*
TRIFUN: Ja nemam bogzna koliko stvari, tek ajd' da ih pokupim *(Polazeći uz stepenice)*: Ono što sam bio dužan pokojniku, pošteno sam mu platio, pa odsad kad me vidi na parastosu, neka on meni upali sveću, a ne ja njemu. *(Ode.)*
VIDA *(Tanasiju)*: Pa i mi ćemo valjda?
TANASIJE: I mi, dabome, samo nešto se ja kao domišljam.
AGATON: Šta?
TANASIJE: Kaži ti meni, Agatone, ima li dokaza da je to njegovo vanbračno dete?
AGATON: Znaš kako je, Tanasije, kod tih stvari dokaz je dete. Vanbračno dete je samo po sebi korpus delikti.
TANASIJE: Korpus delikti?
AGATON: Jeste!
TANASIJE: I mene jedan takav korpus delikti da izbaci iz kuće?
AGATON: Može!
PROKA *(obraćajući se slici)*: Pfuj, Mato, sram te bilo!
VIDA: Ajde, boga ti, da ne gledamo bar očima ovo čudo!
TANASIJE: Hajde, dabome! *(Odlaze u svoju sobu.)*
SARKA: A da me pita čovek šta ja čekam? Neću valjda sedeti ovde da gledam pokojnikovu sliku.

AGATON: Pravo kažeš, Sarka, treba da se rasturimo svi.

SARKA: Odoh ja da pokupim svoj prnjice. *(Ode u sobu.)*

AGATON: A šta ti, mladiću, to računaš?

MIĆA *(koji je izdvojeno sedeo i nešto beležio na jednoj hartijici)*: Baš nešto da vas upitam, prijatelj-Agatone. Meni sve izgleda da ja baš nisam tako blizak rod sa pokojnikom?

AGATON: Pa i nisi.

MIĆA *(pokazuje cedulju)*: Evo, baš nešto računam, pa izlazi da sam mu sedmo koleno.

AGATON: Što kaže Sarka, deveta rupa.

MIĆA: E pa onda, ja bih mogao da uzmem ovu devojku za ženu?

SIMKA: Iju, zar ovu vanbračnu?

MIĆA: Pa kad bi se udala, ona bi bila bračna.

AGATON: Pa je l' malopre donesmo rezoluciju da je pljunemo?

MIĆA: Pa vi koji ste ženjeni, možete ostati pri toj rezoluciji, ali ja... pravo da vam kažem, mislim se nešto: zašto bi toliko imanje otišlo tuđinu u ruke? Zar nije bolje da ostane u familiji?

AGATON: Bolje je, dabome, i bilo bi vrlo korisno kad bi to imanje nekako prešlo u tvoje ruke.

MIĆA: A posle, pravo da vam kažem, ja moram da se ženim, jer od čega ću inače da živim?

AGATON: Pravo kažeš! Pa dobro, je l' ti to samo tako planiraš, ili si već nešto udesio sa devojkom?

MIĆA: Nisam udesio, sve mi izgleda da me ta devojka nešto popreko gleda?

AGATON: Pa gledaj i ti nju popreko.

MIĆA: E, da sam ja nasledio, gledao bih je, al' ovako...

SIMKA: Pa ti si se vazda vrtio oko nje?

MIĆA: Vrtio sam se, al' nisam ni slutio da će ona biti naslednica; da sam to slutio, drukčije bih ja; ovako mi izgleda da neću uspeti...

AGATON: Radi šta znaš i umeš, nemoj me pitati, jer nas se ta devojka ne tiče.

MIĆA: A ja sam mislio da vas zamolim da mi nekako pomognete.

AGATON: Ja? Šta mogu ja da ti pomognem?

MIĆA: Kad bi hteli, vi bi mogli da obrlatite devojku.

SIMKA: Eto ti sad, otkud Agaton da obrlati devojku. Ko je to tebi, boga ti, prijatelj-Mićo, rekao da je Agaton kadar da obrlati devojku?

AGATON: Prvo i prvo, dragi moj mladiću, ja tu devojku prezirem, jer smo takvu rezoluciju doneli; i ja ne želim s tom devojkom ni da se sretnem, a kamoli da razgovaram. A drugo, brate, otkud ja znam da obrlaćavam devojke; ko ti je to kazao da ja umem da obrlaćavam devojke?

MIĆA: Pa ne mislim ja tako, ali bili ste sreski načelnik, pa rekoh vešt ste da se u svakoj situaciji snađete i da ljude obrlatite.

AGATON: Drugo je to, moj brajko, obrlatiti onoga što je u opoziciji da pređe u vladinu stranku. Za to sam vešt, to je istina, al' to je drugo. Zatvori čovek dućan na vreme, a ti ga kazniš što je prekovremeno držao otvoren; pozoveš ga na neko saslušanje, napišeš poziv, ali mu ga i ne pošalješ i onda, razume se, ne dođe, i ti ga kazniš za nedolazak na poziv; rekne u kafani: „O gospode bože!", a ti ga kazniš za javno psovanje boga i bogohuljenje; rekne: „Teška vremena, bome, eto ne mogu kraj s krajem da sastavim", a ti ga kazniš za pronošenje uznemiravajućih glasova; pljune pred vratima svoje radnje, a ti ga kazniš za pravljenje đubreta na javnom mestu. I tako iz dana u dan dok mu ne dosadi pa dođe i zacvili: „Aman!" Tad mu daš parče hartije pa on lepo napiše: „Do danas sam pripadao toj i toj partiji, a od danas..." i čovek da'ne dušom. Eto, tako sam ja obrlaćavao, ali ne mogu tako nju, ovu devojku. Ne mogu tek da je kaznim što je pljunula ili što je prekovremeno držala otvoren dućan.

KOMEDIJE II

SIMKA: Znaš šta, prijatelj-Mićo, ja ću tebi da kažem nešto. Pripitaj ti prija-Sarku, biće da ona najbolje zna kako se obrlaćavaju muškarci i žene.

AGATON: Eto, to ti sasvim pametno kaže Simka. Pripitaj Sarku, niko ti bolje to neće reći od nje. A nas ostavi, ne možemo mi razgovarati s devojkom koju preziremo. Ajde, Simka, da se mi spremimo pa da što pre idemo iz ove nečiste kuće. *(Odu u svoju sobu.)*

IV

MIĆA, DANICA

MIĆA *(zagleda opet u svoju ceduljicu).*
DANICA *(kad spazi Mićku, oseti se neprijatno dirnuta).*
MIĆA: O, draga rođako, hteo bih... upravo u neprilici sam da li da vam izjavim sažaljenje ili...
DANICA: Uzdržite se; nisu mi potrebne nikakve izjave.
MIĆA: Da, najbolje je preći preko toga. Život je odista tako čudan, tako pun iznenađenja.
DANICA: Da!
MIĆA: Ja, razume se, delim sa vama žalost kao rođak ili, ako hoćete pravo da vam kažem, mi nismo tako blizak rod. Sedmo koleno. O, to je tako daleko da se može smatrati kao i da nismo rod.
DANICA: Utoliko bolje.
MIĆA: Da, ja nalazim da je s jedne strane to mnogo bolje. I stoga, vidite, ne kao rođak, ali kao čovek koji vas poštuje, koji vam je prijateljski naklonjen, ja sam vrlo zabrinut vašom usamljenošću. Vama predstoje tolike brige, a vi ste tako usamljeni.
DANICA: I ostaću usamljena, meni je usamljenost tako prijatna.

MIĆA: Da, do izvesnog vremena, to razumem. Ali to ne može uvek trajati; recimo šest meseci, dok traje prva žalost. Toliko, šest meseci.

DANICA: Šest godina!

MIĆA: Kako?!!...

DANICA: Šest godina!

MIĆA: Šest godina? Ko će to živ dočekati?

DANICA: Šta dočekati?

MIĆA: Pa tu dugu žalost.

DANICA: Meni neće biti duga.

MIĆA: Vama, ali... i mislite li vi za sve to vreme trajanja žalosti da se ne udajete?

DANICA: Svakako ne, ali ne razumem šta se to vas tiče?

MIĆA: Pa zaboga, tiče me se kao rođaka.

DANICA: Rekoste da nismo rod.

MIĆA: Pa nismo, dabome! Jer... naravno... ja ne znam smem li da budem iskren?

DANICA: Molim!

MIĆA: Ja bih, vidite, želeo da popravim izvesnu nekorektnost koju sam učinio prema vama. Bio sam neoprezan, ili možda čak i razuzdan, i činio sam vam izvesne predloge na koje nisam imao pravo. Ja vas molim da pređemo preko toga. Ja bih želeo tu nemilu stvar da popravim time što bih vas uverio da ja imam vrlo ozbiljne namere, vrlo ozbiljne namere.

DANICA *(iznenađena)*: Gospodine, zar vi ne uviđate da ja nisam u položaju da vodim takve razgovore...

MIĆA: Ja sam samo želeo...

DANICA: Ako ste odista želeli da popravite svoju nekorektnost i uvredu koju ste mi svojim predlozima naneli, vi ćete to najbolje postići ako uzmete svoj kufer i iselite se iz ove kuće.

MIĆA: Kako? Da se iselim?

DANICA: Da!
MIĆA: To je vaša naredba?
DANICA: To je moja molba.
MIĆA: Ispuniću vam je. Ja sam i bez te vaše molbe pošao baš ovoga časa da uzmem svoje stvari, utoliko pre sada. Samo, jedno bi' vas molio: možemo li, i kad možemo nastaviti ovaj razgovor?
DANICA: Kroz šest godina, kad me prođe žalost.
MIĆA: To znači, nikada?
DANICA *(sleže ramenima)*.
MIĆA *(polazeći)*: Onda... ako je tako... ja vas molim, izbrišite me potpuno iz spiska svojih rođaka.
DANICA: Učiniću tako kako vi želite!
MIĆA *(ode uz stepenice)*.

V

DANICA, AGATON, SIMKA

AGATON *(kad spazi Danicu, poleti i zagrli je, a isto tako i Simka; on vadi maramu i briše suze)*: Drago, drago dete moje!
SIMKA: Slatka moja, rođena moja!
AGATON: Bože moj!... *(Plače):* Kako su velike božije naredbe!
SIMKA: Gušim se, ne umem da govorim, slatko moje dete!
AGATON: Kažem ja Simki: ama ova mi je devojčica nešto prirasla za srce.
SIMKA: I meni. Ama čim sam te videla, a meni zaigralo nešto ovde. Bože moj, što ti je krv rođena!
AGATON: Osećao sam ja još od prvog dana kad sam te video! Sećaš se, Simka, kad sam ti kazao: osećam da mi je ovo dete nešto blisko.

SIMKA: A znaš šta ja njemu kažem, velim mu: kao da mi je od srca otpalo.

AGATON: Gospode, gospode, velika su dela tvoja!

DANICA *(u nemogućnosti je da se odbrani, jer je za sve vreme jedno od drugog otima i grli)*: Ali, molim vas!

AGATON: I baš kažem Simki: Ajde da se nađemo detetu, pa mi smo joj sad najpreči rod. Gde može ona sama da iziđe na kraj sa svetom. I evo da ti kažem šta sam već dosad u tvoje ime učinio: naredio sam svima ovima da se sele. Ti bi imala nevolje sa njima, ali ja umem i da podviknem. Počeli oni meni: te ovo te ono, ali ja njima: Jeste li čuli, nemojte vi misliti da je ovo dete bez zaštite dok sam tu ja! Naređujem vam lepim da se odmah iselite!

DANICA: I iseliće se?

AGATON: Pa oni ne bi, ali moraju. Znaju oni dobro da kod mene nema šale. Skupio sam ih sve ovde pa im podviknuo: mirno! a oni stali u front pa sve trepću. A ja onda njima: Hoćete li lepim, ako nećete, ja ću okrenuti deblji kraj.

DANICA: Hvala vam!

AGATON: Nema tu hvala, to je moja dužnost. Još kad sam obišao pokojnika za vreme bolovanja, osetio sam ja da on ima nešto da mi poveri i sve se lomi: hoće li, neće li...

DANICA *(zaplače se)*: Siromah otac!

SIMKA: Bog da mu dušu prosti!

AGATON: Kakav čestit čovek; teško će se još jedan takav roditi!

SIMKA: Teško, bogami!

AGATON: Pa kažem ti... lomi se, a čitam mu iz očiju; hoće da mi kaže: „Agatone, ja prečeg od tebe nemam, ostavljam tebi u amanet ovo dete!" Nije mi kazao, ali je jasno kao dan da je to hteo da mi kaže. Pa hajd' sad, kako da ne poslušaš i ne ispuniš pokojnikovu želju? Gde bih ja tebe ostavio?

DANICA: Ali...

AGATON: Kaže meni Simka: to si, Agatone, dobro uradio što si tako strogo naredio da se ovi isele iz kuće, a hoćemo li i mi da se selimo? Ama kako da se iselimo, kažem ja njoj, gde mogu da ostavim ono dete samo! Reći ćeš: ima tetku, ali tetka je tetka, a ja sam ja. Ne može tetka trčati kod vlasti, lepiti na akta taksene marke, nositi se s kirajdžijama, svađati se s familijom. Ne može ona to, mi moramo ostati u kući. Danica će se i onako useliti u veliku kuću, a mi ćemo u onu malu u dvorištu, onu gde ti sada stanuješ, samo da budemo tu, kraj tebe, da ti se nađemo.

DANICA: Ja ne znam, morala bih o tome govoriti s advokatom.

AGATON: S advokatom? Nemamo šta da razgovaramo s advokatom. Uostalom, od danas, kad nam preda imanje, on prestaje biti naš advokat.

DANICA: Pa ipak, on se tako lepo ponašao prema nama, toliko se pokazao prijatelj, da ja ne želim ništa da učinim pre no što se posavetujem sa njim.

AGATON *(zagleda je)*: Pa to ovaj... ti kanda misliš celoga života da se savetuješ sa njim?

SIMKA: A zašto da ne? Pravo da ti kažem, Agatone, nije to baš tako rđava prilika. Mlad, vredan, ozbiljan.

DANICA *(zgranuta)*: Ali šta vi to govorite; zaboga, šta vi to govorite?

AGATON *(Danici)*: A pravo da ti kažem, nije ni rđavo imati advokata u kući. Kad imaš advokata u familiji, to ti je kao kad imaš revolver u kući.

DANICA *(očajno se brani)*: Ali ne, zaboga, ne!

AGATON: I meni se, pravo da ti kažem, od prve taj čovek dopao.

SIMKA: Kako da ne! A bili bi odista lep par, osobito lep par!...

DANICA *(očajno)*: Ali ja vas molim, ja vas preklinjem, ne govorite takve stvari!

SIMKA: Pa mi, dušo...

DANICA *(trpa prste u uši)*: Neću da čujem, neću ni reči da čujem!

AGATON: Samo, znaš, da budeš pametna pa da ti to meni ostaviš. Ja ću to sa njim udesiti. Ti ništa da se ne mešaš, ja ću to da udesim.

DANICA: Ali zaboga, prekinite, ja vas molim, prekinite! Ko vam je to kazao; ja vam nisam ništa kazala; meni nije do toga! Meni nije do toga! *(Pobegne.)*

SIMKA: Što otera, more, dete?

AGATON: Pa zastidela se, red je da se zastidi. I ti si se nekad stidela.

SIMKA: Zgodno ti, ovo, Agatone, što se napravismo rod.

AGATON: Pa rod smo; istina, vanbračni rod, ali šta se to mene tiče. Zašto da ja okrećem glavu od devojke kad je nasledila toliko imanje? Bolje mi je da sam rod s njom nego sa Prokom i Ginom.

SIMKA: Pa bolje, dabome!

VI

ADVOKAT, PREĐAŠNJI

ADVOKAT *(dolazi spolja)*: A! Gosti su još ovde?

AGATON: A ne! Rasterao sam ih ja sve. Eno ih po sobama, pakuju se. Rekao sam im odlučno: Nezakonito ste ušli u kuću, nemojte nezakonitim sredstvima da vas izbacujem, nego ajde svako svojoj kući!

ADVOKAT: To ste dobro uradili.

AGATON: Umem ja to, a i moram se naći pri ruci našoj rođaci. Ona je dobra i skromna devojka, ne bi ona umela da se nosi sa alama i vranama, a tetka je stara, slaba, nije to za nju.

ADVOKAT: Pa da!

AGATON: Stoga smo se sporazumeli; ona da se useli u ovu veliku kuću, a ja sa Simkom u onu njihovu, malu, da budemo tu, da im se nađemo.

ADVOKAT: A to ste se već sporazumeli?

AGATON: Pa da. Ona je doduše rekla da će se razgovarati sa vama, ali ja ne vidim šta ima tu da razgovarate. To je tako prosta stvar; ne mogu tek dve ženske ostati same u ovolikoj kući. Drugo je to docnije, kad se vi uselite u kuću.

ADVOKAT *(iznenađen)*: Kako kad se ja uselim u kuću?

AGATON: Pa docnije, ima dotle vremena.

ADVOKAT: Ali molim vas, objasnite mi kako to mislite: kad se ja uselim u kuću.

AGATON: Pa ne mislim ja onako da se uselite, nego kad se venčate.

ADVOKAT: Ko da se venča, s kim da se venčam?

AGATON: Pa da se venčate; razume se, ne sa Simkom.

SIMKA: Ju, crni Agatone!

ADVOKAT: Molim vas, budite jasniji. Ja želim da znam šta vi to govorite; o čemu govorite; s kime da se venčam?

AGATON: Pa mislim sa ovom našom rođakom.

ADVOKAT: Ali kako možete, kako smete, ko vam je to kazao?

AGATON: To se ne kazuje; to se onako pozna. O, imam ja za to dobar nos.

ADVOKAT: Ali, po čemu ste vi to mogli zaključiti? To je glupost, to je vaša izmišljotina. Ni po čemu vi niste mogli tako nešto zaključiti.

SIMKA: E, pa pozna se to, gospodine. Eto, malopre, kad smo s njom govorili o tome, pocrvene dete kao kuvan rak.

ADVOKAT *(zgranut)*: Kako, vi ste govorili s njom o tome?

AGATON: Razume se!

ADVOKAT: Ali ko vas je ovlastio da vodite takve razgovore?

AGATON: Što da me ovlašćuje ko kad je to moja dužnost i briga.

ADVOKAT: Ja vam zabranjujem, gospodine, da vodite takve razgovore!

AGATON: Pa ja...

ADVOKAT: Ja vas molim ni reči više!

AGATON: Sasvim! Simka, pazi, o tome ni reči više; kad bude vreme, ja ću to već... *(Advokatu):* Ostavite vi meni, kad bude vreme, ja ću već...

ADVOKAT: Razumite već jedanput, gospodine, ne ostavljam ja vama ništa. I ne mislim ja na tako što, razumete li, i ne mislim! *(Ščepa se za kosu):* I još i njoj ste govorili; mogu misliti koliko ju je to uvredilo u trenutku najveće žalosti. Vi joj se morate izviniti... ne, ne, ja ću joj se izviniti, ja ću joj se izviniti.

AGATON: Ali nemate šta, ja sam to vrlo pažljivo, roditeljski.

ADVOKAT: Ne, ne, ja joj se moram izviniti. Ne bih hteo da ona pomisli još...

AGATON: Dobro, neka tako bude! Idi, Simka, zovi devojku. Reci joj da dođe ovamo, al' nemoj joj o toj stvari ništa govoriti; to ću već ja.

SIMKA *(ode).*

ADVOKAT: Ali nećete, zaboga; jesam li vam rekao: nećete ništa i nikad govoriti o tome.

AGATON: Pa da, dok traje žalost.

ADVOKAT: Vi me već izvodite iz strpljenja! Ni kad prestane žalost, razumete li, ni kad prestane žalost. Ja se uopšte neću ženiti, ne mislim se ženiti.

AGATON: Nisam se ni ja mislio ženiti, ali, znate kako je. Ide čovek ravnim putem, ide, ide, pa kad se najmanje nada, nagazi na kamen i spotakne se. Tako sam se i ja, vidite, spotakao o ovu moju Simku.

ADVOKAT *(ne slušajući ga):* Da, da...

AGATON: Čovek ne zna šta ga čeka u životu.

VII

SIMKA, DANICA, PREĐAŠNJI

AGATON: 'Odi ovamo, dete, treba da progovorimo s gospodinom advokatom.

ADVOKAT: Nemamo šta da progovorimo; imam samo da se izvinim gospođici.

DANICA: Meni?

AGATON: Da, ja sam, znaš, razgovarao s njim o onoj stvari.

ADVOKAT: Ali, gospodine, ja vas molim, ućutite. Razumite jedanput, ni reči više! *(Danici):* Gospodin je uzeo sebi slobodu da, ni od koga ovlašćen, govori o izvesnim stvarima.

DANICA: Ja sam gospodina molila da me poštedi.

ADVOKAT: Ja ne bih želeo da vi to možda tumačite... gospodinovi razgovori nemaju nikakve veze sa mnom; ja sam daleko od toga, i ja sam gospodina molio da mi ne pominje takve stvari, ali izgleda mi da gospodin ne uviđa...

AGATON: Uviđam, kako da ne uviđam, i neću više ni progovoriti. Ja sam to samo onako: ona mi je rod, a ostala sama devojka, a vi ste čestit, mlad čovek, a vidim, dopadate joj se.

DANICA *(očajno)*: Ali ko vam je to kazao?

AGATON: A vidim i ona se vama dopada.

ADVOKAT: Gospodine, ja to vama nisam nikad kazao.

AGATON: Pa rekoh... al' eto, i sam uviđam da nema smisla govoriti za vreme žalosti. Simka, ni reči više o tome!

SIMKA: Bože sačuvaj!

AGATON: A na mene nemojte se ljutiti, to su moje dobre namere, moje roditeljske brige.

ADVOKAT *(okreće mu leđa, Danici)*: Potrebni su mi, gospođice, izvesni podaci koje mi traži starateljski sudija. Vi mi ih verovatno ne bi mogli dati, ali gospođa tetka. Molim vas, dakle, da pređemo na taj razgovor.

AGATON: Najbolje je da pređemo na taj razgovor.

ADVOKAT: Bi li mogli zvati gospođu tetku?

DANICA: Ona je slaba, ako bi bili dobri da pređemo tamo, k njoj?

AGATON: Pa da, možemo tamo preći.

ADVOKAT *(Agatonu)*: Vi nam niste potrebni.

AGATON: Molim, kako vi kažete. Uostalom, ja sam tu, pa kad vam ustrebam, a vi me zovite.

ADVOKAT *(polazeći za Danicom)*: Budite spokojni, nećemo vas uznemiravati.

AGATON *(kad su Danica i advokat već na vratima)*: A, ovaj, po onoj stvari nemojte ništa govoriti pred tetkom; to ostavite meni.

ADVOKAT *(vrati se uzbuđen)*: Ali, gospodine, hoćete li već jedanput umuknuti!

AGATON: Pa da, zato baš i kažem, ne treba govoriti o tome!

ADVOKAT *(diže očajno ruke i odlazi)*.

VIII

AGATON, SIMKA

AGATON: Vide li ti, Simka, kako ja udesih stvar. To ti je ono što kažu: treba umeti. Ne vredi ti znanje bez umenja.

SIMKA: Ama izgleda mi da se oni srde kad im spomeneš.

AGATON: Pa srde se, dabome, takav je red. I ti si se bajagi srdila kad su ti mene pomenuli, iako ti je u duši bilo milo.

SIMKA: Velim, znaš, da nešto ne pokvarimo.

AGATON: Ostavi ti to meni. Znaš me valjda; ništa ja do danas nisam pokvario. Pokvario sam, to jeste, izbore kad nisu bili po volji vladi; pokvario sam po koju državnu licitaciju kad nije bila po volji meni; ali to je drugo; to je politika, a ovo... Ostavi ti to samo meni pa ćeš videti kako će sve ići kao namazano. *(Sa raznih strana iz raznih uglova i vrata kao i stepenika zbiraju se svi članovi porodice. Svi su natovareni kuferima i paketima; očigledno je da nose više no što su doneli.)*

IX

PORODICA

AGATON: E, jeste li se spremili?
TRIFUN, PROKA, TANASIJE: A ti?
AGATON: Ja? Što vi mene pitate, drugo sam ja.
PROKA: Kako drugo?
AGATON: Pa tako. Jeste, rod ste i vi, ne kažem da niste, ali, što kaže Sarka, svi ste vi, brate, deveta rupa.
SARKA: A koja si ti rupa, tako ti boga? *(Oni onako natovareni stoje u redu te prave jedan front ispred koga Agaton šeta.)*
AGATON: Koja sam da sam, preči sam od vas... zato, vidiš, ja ostajem ovde.
SVI: Ostaješ?
AGATON: Ostajem, nego; jer ko bi upravljao ovolikim imanjem? Od ovoga trenutka imate mene da smatrate za šefa familije.
TRIFUN: Budi ti šef kome si i dosad bio a ne meni!
SARKA: Ni meni, bome, ne!
AGATON: Vama ja i ne mislim da budem šef. Ne znam i što će mi da budem Sarki šef, ali mene imate da smatrate kao šefa celoga imanja, i od ovoga trenutka u ovoj kući samo moje naredbe važe.

SVI: Oho!!!...
AGATON: Došli ste, videli ste kuću, pregledali ste sve, sedeli ste dan i noć, pa dosta. Došli ste sa praznim kuferima, a sad ih nosite pune, i uz to i neke pakete.
SARKA: Biće, Agatone, da i ti imaš paket.
AGATON: Ako ga imam, to se tebe ne tiče. Drugo sam ja a drugo vi, vi ste ovde privremeno.
TRIFUN: A ti stalno?
AGATON: Stalno, dabome! Vi ste ovde samo gosti, a ja sam u svojoj kući.
SVI: Oho, ho, ohooooooo!!!...
AGATON: Šta je, brate, šta se iščuđavate?
PROKA: Ne iščuđavamo se samo, nego se i čudimo i krstimo i pitamo se: Ko si ti i šta si ti?
AGATON: Znaš ko sam, pa što pitaš?
PROKA: Pitam, jer hteo bih da znam po čemu ti imaš većega prava u ovoj kući nego ja i nego ovaj i nego ovaj i nego ovaj? Na osnovu čega si ti nešto drugo, i ko ti je dao prava da se isprsavaš pred nama?
TRIFUN: Jeste, to hoćemo da nam se objasni.
AGATON: Jes', baš tebi da se objasni.
SVI: Hoćemo svi da nam se objasni.
PROKA: Inače nećemo da se selimo odavde; ako ti imaš prava da sediš, onda imamo i mi!
SVI: Tako je! Nećemo da se selimo! *(Svi spuštaju kufere na zemlju.)*
AGATON: Pa šta, kog đavola, da vam objasnim?
PROKA: Da nam objasniš na osnovu čega se ti praviš gazda ovde?
AGATON: Mislite li vi da je to tako lako objasniti?
PROKA: Pa nije, dabome! Zato i ne pristajemo da se selimo.
AGATON: A ako vam objasnim, je l' onda pristajete?

SVI: Objasni prvo!
AGATON: Evo, brate, u čemu je stvar. Vi znate, je l' te, da je naslednik ovoga imanja ona vanbračna devojka?
SVI: Znamo!
AGATON: E pa eto, zar vam nije sad jasno?
PROKA: Ama kako jasno; ako je ona vanbračna, nisi ti vanbračan; ako je ona naslednica, nisi ti naslednik.
AGATON: Pa čekajte, pobogu ljudi, da vam kažem stvar do kraja. Ovoj devojci, vidiš, ja sam već dao blagoslov.
SARKA: Iju, kakav blagoslov?
AGATON: Tako, verila se, udaje se!
SVI: A!!!...
MIĆA: To ne može biti, to ne sme biti.
AGATON: Tebe ćemo valjda da pitamo!
PROKA: Ama ostavite ga, ljudi, da nam objasni. Pa dobro, Agatone, ako se ona verila, i ako se ona udaje, nisi se ti verio i ne udaješ se ti. Mi pitamo otkud ti ovde?
AGATON: A što ne pitate za koga se udaje?
SVE ŽENE: Pa za koga?
AGATON: Za advokata, za onog njenog advokata!
SVI: Šta???!!!...
MIĆA: Pa to je užasno!
AGATON: Za njega, jeste, i eto sad možete razumeti otkud ja ovde, i ja vam u ime njeno i u ime advokatovo kažem: Ajde, brate, iselite se lepim. Ožalili ste kao porodica pokojnika koliko ste umeli i mogli, i to će vam biti isplaćeno.
GINA: Šta će nam biti isplaćeno?
AGATON: Biće vam isplaćeno što vam po testamentu pripada, i na četrdesetodnevni parastos ne morate ni doći.
SVI: I nećemo!

AGATON: Pa nećete, dabome, a i ne morate, jer naposletku ne može se od vas ni tražiti da celog veka žalite pokojnika. Mi koji ostajemo u kući, mi ćemo ga i dalje žaliti i priređivati mu parastose i palićemo mu kandilo... *(Seti se):* Jest, bogami, sad mi pade na pamet da je porodica kad se uselila u kuću ugasila kandilo. Ajde, pođi, Simka, pa upali ono kandilo u sobi gde je umro pokojnik, grehota je da ne gori.

SIMKA: Pravo kažeš! *(Ode uz stepenik.)*

PROKA: Ama, ljudi božji, vidite li vi kako ovaj čovek zaobilazi oko onog što ga pitamo? Te dao blagoslov, te devojka se isprosila, te advokat zet, te pokojnikovo kandilo, a nikako ne izvede stvar na čistinu. Što ti nama, brate, ne kažeš jasno i glasno: šta si ti, ko si ti; u čije ime si se isprsio?

AGATON: Dobro, reći ću vam, ali uzmite najpre kufere. *(Svi dižu kufere):* Evo u čemu je stvar: najpreči sam joj rod, pa me je zamolila da ostanem.

GINA: Zar vanbračna devojka pa rod?

TRIFUN: A rezolucija da je preziremo?

PROKA: I po čemu si ti najpreči?

TANASIJE: Ja sam joj mnogo preči.

MIĆA: A ja?

AGATON: Ne znam šta ste vi, ali ja sam joj najpreči i po prirodnim zakonima.

TRIFUN: Eto ti ga sad; gde pronađe prirodne zakone?

AGATON: Jeste, prirodni zakoni, jer po tim prirodnim zakonima i on me je zamolio da ostanem ovde.

TANASIJE: Koji on?

AGATON: Pa zet, advokat!

PROKA *(ostalima)*: Ne možeš ga uhvatiti ni za rep ni za glavu. Ja vam, braćo i sestre, predlažem da se mi vratimo svaki u svoju sobu

pa kad nam dođe advokat sa policijom, a mi da tražimo da se prvo Agaton izbaci.
SVI: Tako je!...
AGATON: Ama nije tako!
PROKA: E pa reci kako je?
AGATON: Ne mogu da vam kažem.
PROKA: Pa ne možeš, dabome!
AGATON: I ne smem da vam kažem.
TRIFUN: A što, da nije to počem kakva tajna?
AGATON *(jedva je dočekao tu misao)*: Jeste, to je tajna!
SARKA: Iju, tajna!
AGATON: Pa tajna, dabome, nego šta misliš ti?!...
PROKA: Vidite li vi, ljudi, kako nas ovaj čovek zavitlava i igra sa nama kao da smo mi deca. Ne dozvoljavam da se sprdaš s nama. *(Ostalima)*: Zar vi ne vidite da on samo hoće da nas izbaci a on da ostane, zar ne vidite da je sad izmislio i neku tajnu?...
SVI: Nećemo da idemo!
AGATON *(u zabuni je)*: Nisam, brate, izmislio, nego to je jedna velika tajna pa ne mogu, ne smem da vam je kažem.
SVI: Kaži!
AGATON: Nikad vam to ne bi' poverio, ali... O brate... *(Svi se radoznalo skupe oko njega)*: Kad ste tako navalili. Ja ostajem ovde zato... čekaj, molim te. *(Briše se maramom)*: Ja ostajem ovde zato, vidiš, zato što je taj advokat, što je isprosio ovu vanbračnu devojku, pa on, vidiš, on je moj — vanbračni sin. *(Jedan opšti uzvik iznenađenja i zaprepašćenja. Svi ispuštaju kufere i pakete, a sve nadmaša vrisak Simkin na stepenicama, koja se vraća i silazeći niz stepenice čuje poslednje reči te pada u nesvest. Nema slika traje izvesno vreme.)*
AGATON *(zaprepašćen utiskom koji je učinila njegova laž, klone i tupo gleda čas Simku čas ostalu porodicu; najzad rezignirano diže ruke)*: E, sad sam udesio stvar!...

BELEŠKA O PISCU

Branislav Nušić, velikan srpske književnosti i najpoznatiji srpski komediograf, rođen je kao Alkibijad Nuša 1864. godine u Beogradu, u cincarskoj porodici. Detinjstvo je proveo u Smederevu gde se porodica ubrzo po njegovom rođenju preselila zbog finansijskih neprilika.

U gradu svog detinjstva završio je osnovnu školu i prva dva razreda gimnazije, a više razrede gimnazije u Beogradu gde je i maturirao. Postavši punoletan, zvanično menja svoje ime u Branislav Nušić.

Studije prava započinje na Univerzitetu u Gracu, ali se zbog nedostatka finansijskih sredstava tamo zadržava svega godinu dana. Školovanje nastavlja na beogradskoj Velikoj školi gde je i diplomirao pravne nauke 1884. godine.

Učesnik je kratkog Srpsko-bugarskog rata iz 1885. godine.

Zbog satirične pesme Dva raba objavljene u „Dnevnom listu" 1887, osuđen je na dve godine zatvorske kazne. Zahvaljujući očevoj pomoći, iz zatvora u Požarevcu pušten je posle godinu dana.

Desetogodišnju diplomatsku karijeru započinje 1889. godine, kao pisar u Bitolju, a završava kao vicekonzul u Konzulatu Kraljevine Srbije u Prištini. Službovao je i u Serezu, Solunu, Skoplju.

U Beograd se vraća 1900. kada je postavljen za sekretara Ministarstva prosvete. Nakon toga postaje dramaturg Narodnog pozorišta, a 1904. imenovan je za upravnika Srpskog narodnog pozorišta u Novom Sadu. Na ovoj poziciji zadržao se godinu dana.

BELEŠKA O PISCU

Po povratku u Beograd, počinje da se bavi novinarstvom. Jedan je od prvih saradnika „Politike", gde odmah po osnivanju lista počinje da uređuje rubriku Iz beogradskog života. Zanimljivo je da je na njegovo insistiranje, a pošto mu se učinilo da je tema rubrike i suviše uska, otvorena nova rubrika pod nazivom Sve je to već jednom bilo. Nušić je svoje tekstove za ovu rubriku pisao pod pseudonimom jevrejskog mudraca Bena Akibe, koji je autor ove krilatice.

U zimu 1912. godine postavljen je za prvog okružnog načelnika Bitolja. Odatle se posle godinu dana seli u Skoplje gde je organizovao pozorište i bio na njegovom čelu do 1915.

Iz Skoplja se zajedno sa srpskom vojskom povlači preko Albanije na Krf, a zatim do kraja Velikog rata boravi u Italiji, Francuskoj i Švajcarskoj, obavljajući razne državničke poslove, među kojima i sekretara Narodne skupštine.

Nakon rata, 1919. godine, postavljen je za prvog upravnika Umetničkog odeljenja Ministarstva prosvete. Na ovoj poziciji ostaje sve do 1923. godine kada biva imenovan za upravnika Narodnog pozorišta u Sarajevu. U Beograd se vraća 1927. godine.

Za redovnog člana Srpske kraljevske akademije izabran je 1933. godine.

Autor je najznačajnijeg predratnog udžbenika retorike u Srbiji (1934) a dao je i važan doprinos razvoju srpske fotografije. Dobitnik je mnogobrojnih odlikovanja, među kojima su i Ordeni Svetog Save i Belog orla.

Preminuo je u januaru 1938. godine od posledica plućnog edema. Ostalo je zabeleženo da je toga dana fasada zgrade Narodnog pozorišta u Beogradu bila uvijena u crno platno. Sahranjen je na beogradskom Novom groblju.

BELEŠKA O PISCU

Branislav Nušić iza sebe je ostavio impozantan književni opus. Iako je pisao i romane, priče, eseje i drame, najprepoznatljiviji je po svojim komedijama. Među njima značajno mesto zauzimaju i dve društvene komedije napisane u trenutku kada se činilo da je njegov književni rad zaokružen. Desetak godina pred smrt pisac sa mladelačkim poletom i čudesnom energijom piše, po mnogima, svoja dva najbolja dela — *Gospođu ministarku* (1929) i *Ožalošćenu porodicu* (1934). Smeštajući u fokus oba ova humoristična komada temu borbe za ličnu korist, svoje likove autor prikazuje kao licemerne, pohlepne, gramzive, samožive, sebične i prevrtljive, ostavljajući nam istovremeno dobronamernu opasku u tekstu da je pojava plejade ovakvih likova i događaja moguća „svakad i svuda".

SADRŽAJ

Gospođa ministarka 1
Ožalošćena porodica 131

Branislav Nušić
KOMEDIJE II:
GOSPOĐA MINISTARKA, OŽALOŠĆENA PORODICA

London, 2023

Izdavač
Globland Books
27 Old Gloucester Street
London, WC1N 3AX
United Kingdom
www.globlandbooks.com
info@globlandbooks.com

Naslovna fotografija
Tumisu
(https://pixabay.com/photos/
stand-up-comedy-stage-curtain-6046102/)

www.ingramcontent.com/pod-product-compliance
Lightning Source LLC
Chambersburg PA
CBHW070350120526
44590CB00014B/1074